学校英文法プラス
英語のより正確な理解に迫る

開拓社
言語・文化選書
30

学校英文法プラス

英語のより正確な理解に迫る

中野清治 著

開拓社

はしがき

　習い事をしている人は，知識・技能を修得する過程においてある一定の段階まで進むと，進歩が一時的に停滞する，いわゆるプラトー (plateau) の状態に陥ることがある。その段階を脱して一皮むけた状態になると，習い事の苦労よりも楽しみのほうが大きくなる。英語の学習においても同様のことが言えるであろう。本書は，そのようなプラトーを乗りこえる手掛かりになると思える事項を，いくつか取り上げた。

　かなり英語力のある人でも，英語のジョークが分からないということがあるのは，英米の社会・文化についての知識に欠けるとか，しゃれ (pun) を見抜けないといった理由による。もう一つの理由は，同一表現を「字義読み／イディオム読み」の二重読みができない，あるいは両義構文の文構造が見抜けないといった，表現形式に対する文法意識を働かせていないという理由も考えられる。こうした事情にかんがみ，英文法の感覚をみがく手段・材料として，英語ジョークは格好のものと思えるので，かなりの箇所で英語ジョークを例文として用いた。英語のジョークなど本国人にとっては通俗の部類に属するが，われわれ日本人にとっては英語の上級者向きなのである。

　本書は，基礎的な英文法を習得した学習者を対象に，特に問題になりそうな事項や盲点になりそうな項目を，重点的に取り上げた。たとえば，曖昧表現の原因となるものは何か（第11章）や，日本人の学習上の困難点とされる，いわゆるクジラの構文（第3章）等である。クジラの構文は受験英語だけが問題にする特殊な表現で，実際に使われることはないのだと決め込んでいる人は，その誤解を解いてほしい。

　取り上げた語句・語法・表現・構文・文法事項等は，先に述べた

趣旨により，英語を正しく理解するのに役立つものでぜひ知ってほしいもの（たとえば，ネクサス，作用域と焦点，接続詞 as），興味深い言語現象（たとえば，前置詞＝小動詞，than one can help），また文法学習で見逃されやすい事項（たとえば，修辞条件の if 節），あやふやに理解されがちなもの（たとえば，二重制限関係詞節と連鎖関係詞節のちがい，what he has to say）などに絞ってある。それらの文法事項が生きた文脈であるジョークの中に現れている場合はその例を挙げ，文法書にありがちな無味乾燥で単調な説明になるのを避けるように心がけた。

　本書は，紙幅の許すかぎり多くの用例を挙げ，先人が解明した文法・語法の知見を援用することにより，読者がなるほどと得心できるような解説を心がけた。Parsing という言葉を何度も使っているが，本書はあくまで正確な読みという点に焦点を当てたもので，英文法を組織的・体系的に扱ったものではない。文法は英語を正しく読むための道具であるという姿勢は，本書の全編を貫いているスタンスである。文法の用語や説明はできるだけ伝統文法の枠組みの中で行うように努めたが，学校英語に上乗せするのに役立つと思われるものには，新しい文法用語も借用した。

　英語を正確に読み取る力を養いたいと願っている学生をはじめ，社会に出て英語の再学習に挑戦している方々や，教室で教える際のヒントをお探しの英語教師に，本書がいささかでも役立つならば，筆者望外の喜びである。

2012 年 1 月

中野　清治

目　次

はしがき　*v*

第1章　現在分詞と動名詞 ………………………………………… *1*
 1.1.　自動詞と他動詞　*1*
 1.2.　他動詞 -ing 形の形容詞としての意味　*3*
 1.3.　進行相の意味　*4*
 1.4.　現在分詞か動名詞か　*12*
 1.5.　It is ... ～ing (動名詞)　*19*

第2章　不定詞 ……………………………………………………… *21*
 2.1.　方面指定の不定詞　*21*
 2.2.　遡及不定詞　*23*
 2.3.　分離不定詞　*25*
 2.4.　what ... have to say　*27*

第3章　クジラの構文 ……………………………………………… *30*
 3.1.　クジラの構文の位置づけと特徴　*30*
 3.2.　複数の意味解釈　*34*
 3.3.　no more ... than の '...' 部分の語類　*36*
 3.4.　クジラの構文に付随する疑問　*37*

第4章　比較級表現 ………………………………………………… *43*
 4.1.　比較の対象が明示されない場合　*43*
 4.2.　no/not と more/less との共起　*44*
 4.3.　no/not と more/less の組み合わせのタイプ　*45*
 4.4.　nothing less than ...　*51*
 4.5.　その他の [否定辞×比較級] の慣用用法　*53*

第5章　ネクサス …………………………………… *56*

5.1. ネクサス (nexus) の概念　*56*
5.2. 〈have + O + C〉構文　*58*
5.3. 〈with + O + C〉句　*63*
5.4. その他の形式のネクサス　*66*

第6章　名詞・形容詞 …………………………………… *70*

6.1. 名詞句チャンク　*70*
6.2. 名詞を修飾する形容詞の問題　*72*
6.3. 述語形容詞の補語　*76*

第7章　副　詞 …………………………………… *81*

7.1. 単純形副詞　*81*
7.2. quite / rather / fairly　*82*
7.3. enough の意味と用法　*84*
7.4. 焦点化副詞 only　*88*
7.5. 焦点化副詞 not　*92*
7.6. 導入の there　*95*
7.7. 命令を表す〈副詞 + with O〉　*97*

第8章　前置詞 …………………………………… *99*

8.1. 前置詞か副詞か　*99*
8.2. 不変化詞および句動詞　*100*
8.3. 群前置詞　*102*
8.4. 前置詞の選択　*103*
8.5. 前置詞の多義性　*105*
8.6. 前置詞 = 小動詞　*106*
8.7. be all about　*108*

第9章　接続詞 …………………………………… *111*

9.1. if 節のふしぎ　*111*
9.2. 時を表す接続詞　*114*
9.3. 接続詞 as 再考　*117*

9.4. and と or　*121*

第10章　関係詞節　……………………………………………　*123*
10.1. 先行詞と関係詞節内の数の呼応　*123*
10.2. 連鎖関係詞節と二重制限　*125*
10.3. 関係副詞 where は副詞か　*131*
10.4. 関係代名詞・関係副詞・接続詞の違い　*132*
10.5. 代用関係副詞 that　*134*
10.6. 関係詞を用いない接触節　*136*

第11章　あいまいさの引き金　……………………………………　*137*
11.1. 前置詞句　*137*
11.2. 指示機能　*142*
11.3. 転移修飾語　*147*
11.4. 両義のイディオム　*148*
11.5. 二重否定　*150*
11.6. no の意味　*151*
11.7. 両義構文　*152*

第12章　強意表現　…………………………………………………　*156*
12.1. 再帰代名詞　*156*
12.2. 焦点構文　*159*
12.3. 基準超えの more than　*160*
12.4. 反語法　*161*
12.5. フルネーム　*162*
12.6. バツ印(×)　*163*

第13章　心態表現　…………………………………………………　*165*
13.1. 談話標識としての間投詞 well　*165*
13.2. 緩衝語としての but と and　*166*
13.3. 歴史的現在　*168*
13.4. 心的慣性　*169*
13.5. 否定疑問文　*171*

13.6. 法と心態表現　*173*

第14章　修辞的表現 …………………………………………… *184*
　14.1.　繰り返し　*184*
　14.2.　描出話法　*186*
　14.3.　外位置　*188*
　14.4.　交差配列法　*190*
　14.5.　さまざまな目的語　*192*
　14.6.　疑問文の機能　*194*

あとがき ……………………………………………………………… *197*

引用・参考文献 …………………………………………………… *199*

索　　引 …………………………………………………………… *203*

記号・略語説明

( )：直前にある日・英文の訳，省略が可能な語句，言い換えなど。
[ ]：直前の語と交換可能，文法的注記・説明，構成要素，補足説明など。
〈 〉：代表的構文，イディオム表現，ひとまとまりの語句など。
《 》：品詞名，語の使用域など。
／　：両側が対比もしくは交換可能，両義表現，直列配置した例文の区切りなど。
…　：動詞以外の任意の語句。
〜　：動詞の原形 (to のない不定詞)。
〜en：動詞の過去分詞。
cf.　：「比較せよ」[<Lat. confer (=compare)]
e.g.：「たとえば」[<Lat. exempli gratia (=for example)]
NB　：「注意せよ」[<Lat. nota bene (=note well)]
sb　：somebody の略。もっぱら動詞の目的語として。
sth　：something の略。もっぱら動詞の目的語として。

第 1 章

現在分詞と動名詞

　本章では動詞の -ing 形のうち，特に，他動詞派生の〈-ing 形容詞〉の間違われやすい意味，進行相の微妙な意味のニュアンス，現在分詞と動名詞の境界型の表現，また主格補語としての現在分詞と分詞構文との近似性等について考察する。

1.1. 自動詞と他動詞

　章題と関わりのある論題に入る前に，自動詞と他動詞の違いをさらっておく。一般動詞は，自動詞もしくは他動詞のどちらかに限定されて用いられるものがあるが，原則として，自動詞 (intransitive) にも他動詞 (transitive) にも用いられると考えてよい。そうでなければ，次のようなジョークは生まれてこない。

(1)　"What is the best way to keep goats from *smelling*?"
　　 "Cut off their noses."
　　（「ヤギがいやな臭いを発しないようにする一番の方法はなにか」「鼻を切り取ることさ」）

smell は自動詞の場合は「悪臭を放つ (be rank)」［= 質問者の意味］，他動詞の場合は「... の臭いをかぐ (sniff)」［= 応答者がわざと曲解した意味：「ヤギに臭いをかがせないようにする一番の方法はなにか」］。第 2

文は命令文。

(2) Make it idiot-proof and someone will *make* a better idiot.
　　（それを馬鹿でも扱えるものにせよ。そうするとある者は輪をかけて馬鹿になるのだ）

最初の make は「《他》なす」。後の make は「《自》なる」と考える： e.g. A good daughter will *make* a good wife.（よい娘はよい妻になるもの）。後者の make を他動詞とする辞書もある。学習者にとっては迷惑な話だが，辞書編纂者の文法観による違いであって，その分だけ英語に対する見方が広がるという益もある: cf. The President always *makes* (= *is* always) good copy.（大統領は常にいい新聞種だ）。

(3) Man and wife *make* one fool.
　　（夫と妻は一体のばかになる）

cf. A man will leave his father and mother and be united to his wife, and they will become one flesh.（人はその父と母を離れて，妻と結び合い，一体となるのである（創世記 2:24））を下敷きにしている。上例 (3) は，聖書が become を用いていることからも分かるように，SVC の文型であり，夫婦でばかな子供をつくる [SVO] という意味ではない。

(4) You know you are a redneck if your daddy *walks* you to school and you are both in the same grade.
　　（親父が一緒に学校まで歩いて行ってくれ，二人とも同学年であるなら，自分は赤首だということが分かる）

父親が留年しつづけ，子供は進級してきて二人は同じ学年に。redneck とは，無教養，貧乏，粗野・不作法，頑迷，飲酒癖，超保守的等を特色とする米国南部の田舎の貧乏な白人の蔑称。首が赤く日焼けしていることから名付けられた。walk「《他》…と一緒に歩

く」: e.g. *walk* sb over to the door（人を出口に案内する）。もっぱら自動詞として用いられる walk が，他動詞として用いられている例である。

そうは言え，《自》／《他》のいずれか一方だけに用いられる動詞があることも事実である。たとえば「彼らはおたがいに技を競った」は，*They competed the skill with each other. としやすいが，compete は自動詞であるから，They competed with each other in skill. とすべきである。いっぽう，comfort は他動詞であるが，それがとる目的語には意味的制限または条件[1] があるので，英語を書く際に注意が必要である。「私は母の優しい言葉に慰められた」は，*My mother's kind words comforted my sorrow. ではなく，My mother's kind words comforted [consoled, soothed] me in my sorrow. となる。前者の非文の comforted の代わりに eased [healed] を用いれば適格な文となる。

1.2. 他動詞 -ing 形の形容詞としての意味

Her true ability was deceiving. は両義である。(a)「彼女の本当の才能はだますことでした」の場合の deceiving は動名詞。(b)「彼女の本当の能力は人に思い違いをさせるものでした」は，外見ほどの実力がなかったということ。この場合の deceiving は分詞形容詞 (participial adjective) である。一般に emotion（感情）を表す他動詞の ～ing 形は「人を～させる（ような）(= causing sb to feel ～en)」の意味になる。

(1) a.　He is *disappointing* / disappointed.
　　　　（彼は期待はずれのやつだ／がっかりしている）

---

[1] 選択制限 (selectional restriction) という。

  b. He is *embarrassing* / embarrassed.
    (彼は厄介なやつだ／当惑している)
  c. He is *surprising* / surprised.
    (彼は驚くべきやつだ／びっくりしている)
  d. She is *charming* / charmed.
    (彼女は魅力的だ／心を奪われている)

ほかに, annoying, boring, depressing, exciting, interesting, pleasing, puzzling, satisfying, upsetting などがある。

一方, 他動詞 -en 型の分詞形容詞はふつう受動の意味となるので, ⟨be + (他動詞) -en⟩ の parsing が二様になる曖昧性がある。

(2) The robber *was unmasked*.
  a. 泥棒は覆面をしていなかった。
    [状態, 分詞形容詞; un + masked]
  b. 泥棒は覆面をはがされた。[unmask の受動態; unmask + en]

同様の曖昧さを生ずる他動詞には, unlock (錠を開ける), uncork (コルクの栓を抜く), untie (紐をほどく), relieve (安心させる) などがある。

> **NB** Parsing (構文解析) とは「(文をその) 構成要素である語類に分け, 各要素の形態・機能・統語上の役割を記述すること」。cf. "parse = to analyze (a sentence) into its component parts of speech and describe the form, function, and syntactical role of each part.

1.3. 進行相の意味

動詞の表す動作や状態のさまざまな様相 (継続・反復・完了など) の捉え方およびそれを示す文法形式のことをアスペクトという。英語には進行相 (progressive aspect) と完了相 (perfective aspect) の二つがあり, 進行相は ⟨be + 〜ing⟩, 完了相は ⟨have + 〜en⟩ の

構造で表す。進行相には process (進行・過程), duration (持続・存続・継続) といった基本的な意味があるが, 本節では進行形のもつ微妙な意味をさぐる。

1.3.1. 過去進行形

(1) "Mum, teacher *was asking* me today if I have any brothers or sisters who *will be coming* to school."
"That's nice of her to take such an interest, dear. What did she say when you told her you are the only child?"
"She just said, 'Thank goodness!'"
(「かあちゃん、先生がね、学校に来ることになっている弟か妹がぼくにいるのかって、訊いていたよ」「そんなに関心を持ってくれて、先生親切なのね。お前が独りっ子だって言ったら、先生なんて言っていた？」「『ありがたい』ってだけ」)

teacher が無冠詞であるのは固有名詞扱いのため。dear「いとしい人」夫婦・親子・兄弟姉妹など親しい間で呼びかけに用いる言葉なので、日本語には訳しにくい。本例は名詞であって、間投詞の dear (おや、まあ) ではない。Thank goodness!「ありがたい」この子供は先生を相当手こずらせているのだろう。

原文の (a) teacher *was asking* me を (b) teacher *asked* me と比較すると, (b) のほうは, 話者が事実をそのまま述べているのに対し, (a) は, 先生の行為 [質問] を初めから意図したものではなく, 雑談の中で何気なく発したものだと話者がみなしていることを示している。また (b) に比べてその行為に不定の時間幅があるというニュアンスを伝えている。進行相を Jespersen が expanded tense (拡充時制) という名称で呼んだのもうなずける。

上の会話で子どもが使った will be coming to school は, 訳文からも分かるように, 主語の意志を表すものではない。そのことを次項で扱う。

1.3.2. 未来進行形

〈will be ～ing〉は，その構造が示しているように，未来の一定の時点において動作・事柄が継続していることを表す。しかしながら，別の意味もあることを知っておく必要がある。この動詞構造の意味の特徴と例文を，Quirk et al. (1985: §4.46) は次のように示している。

(1) 進行相につきものの「時間枠」と will で示される未来の意味を結合した言い方。
(2) future as a matter of course（事の当然の成り行き）を表す。will を意志・意図・約束等の意味に解することはできない。
    a. When *will* you *pay* back the money?
       （金はいつ返してくれるつもり？）
    b. When *will* you *be paying* back the money?
       （金はいつ返すことになっているの？）［如才のない言い方］

上記の説明や他の文献から推論すれば，未来進行形は，話者あるいは書き手がある根拠に基づいて，主語に将来生じるかもしれない状況の推移を予告・判断する働きをする，という意味合いを持つことが分かる。Bolitho and Tomlinson (1988: Unit 2, Sec. 17.B) から例を挙げる。

(3) Q: Where are you going?
    A: To town.
   （「どこへ行くところなの？」「町へ」）

このあと，頼みごとをするために Q が返す次の二とおりのせりふを比較。

(4) a. Q: *Will* you *go* to the post office?
       （郵便局へ行ってくれませんか）
   b. Q: *Will* you *be going* to the post office? (in the

course of your visit to town)
((町へ出ている途中で) 郵便局へ行くようなことはありますか)

(4a) の単純未来形は，断固とした要求を表すと解されるので，ここでは幾分ぶっきらぼうに響き，適切ではない。それに対し (4b) の未来進行形では，話者は，本動詞で示される行為・事態が，進行形で示される (未来の) 不定の時間幅の中で，事の成り行きで生じる客観的な出来事とみなしている。つまり主語 (you) はその行為・事態が生じることに対して責任がないわけである。それゆえ，尋ねられたほうは No と言いやすい。ということはすなわち，相手に対する話し手の配慮が働いていることを示しているのである。Bolitho and Tomlinson は，このような文脈で未来進行形を用いることは，英語学習者の困難点だと指摘している。

(5) Ladies and gentlemen, we've reached cruising altitude and *will be turning* down the cabin lights.
(皆様，本機は巡航高度に達しましたので，客室の照明を弱めることにいたします)

この路線では巡航高度に達したら，機長の意思とは無関係に機内の明かりを弱めることになっており，そのことは事前の取り決めとして，あるいは事の成り行き上，当然のことと思われていることが読み取れる。

この形式が相手に対する配慮を示す表現法であることを上で見たが，そのことは，私信・商用文等に用いられている以下の用例からも見てとれる。

(6) We are pleased to inform you that you have been registered on the course of your choice. You *will be staying* at Victoria College Residence Hall.
(あなた様が選択された課程の聴講手続きが完了したことをお知らせ

いたします。ビクトリア大学の学寮をご利用いただきます）［←宿泊することになっています］

　進行形不定詞も，単純形不定詞よりもソフトでぼかしたニュアンスを伝える効果がある点で，未来進行形に似ている。

(7) a.　How would you like *to be playing* blackjack?
　　　　（明日ブラックジャックをするのはどうだろう？）
　　b.　Should you happen *to be passing*, do drop in.

　　　　　　　　　　　　　　　　　　　　(Perkins (1983: 55))
　　　　（近くにおいでの節は，ぜひお立ち寄りください）
　　c.　Enclosed is a brief of the material I expect *to be covering* during my lecture on June 1.　　(Kurdyla (1986))
　　　　（6月1日の講義において扱う予定の資料の概要を同封いたします）

1.3.3. 現在進行形

　現在進行形が，発話の時点からみた未来を表し，事前の約束・取り決めがあったことを暗示する用法がある。そのような動詞には，次の二つのグループがある。

(1)　往来発着の動詞 (arrive, come, fly, go, leave, start, travel, etc.):
　　 I'*m leaving* next week for a trip to Japan.
　　（来週日本へ旅立つ予定です）
(2)　前もって計画できるという内容の動詞 (bring, play, publish, stay, resign, graduate, have a baby (赤ん坊が生まれる), etc.):
　　a.　How much luggage *are* you *bringing*?
　　　　（荷物はどれくらいもっていくのですか）
　　b.　She wondered why he should *be bringing* the subject up.（彼女は，（一体）どうして彼がその話題を持ちだそうとする

のかしらと思った）[should は how, why などの後に用いて不可解・いらだちを表す]

前もって計画できない次のような例もある：

cf.　I feel like I'm *catching* a cold.
　　　（《米口語》風邪をひきそうな気がする）

c. "I thought, Miss Smith, that you wanted yesterday afternoon off because you *were seeing* your dentist?"
"That's right, sir."
"So how come I saw you coming out of the movie theater with a friend?"
"That was my dentist."

（「スミスさん，昨日午後休暇を欲しがっていたのは，歯医者に行くためだと思ってたんだが」「そのとおりですが」「では，友人と一緒に映画館から出てくるところを見たんだが，どういうわけかね」「その方が歯医者でした」）

(2c) に登場するスミス嬢の内心は「嘘はついておりませんわ。see の意味を '医者にかかる' と勝手に解釈したのはあなたのほうですよね」。yesterday afternoon off は「昨日午後の休暇」。So は「それでは，じゃあ」: e.g. *So* you've told a lie.（じゃあ，うそをついたんだね）。〈how come [S＋V]?〉「[S＋V] なのはなぜか」were seeing ... は「...に診てもらうことになっていた」＝歯科医は予約制＝上記 (2)。see のような通常は進行形では用いられない動詞でも，意図的な行為を表す意味（見送る，見物する，医者に診てもらう，など）のときは，進行形で，しかも未来の意味で，用いることができる：e.g. I *am seeing* no one today.（今日は誰にも会いません）。

(2) d.　She *is* always *coming* to see me.　(Chalker (1984: §5.3))
　　i.　彼女はいつも会いに来る（困ったものだ）。
　　ii.　彼女はいつも遊びに来ると言っている（が遊びに来たためしがない）。

⟨be always [constantly, forever, repeatedly] 〜ing⟩ は，多くの文法書が指摘している (2di) のような非難・立腹の気持ちを表す用法のほかに，(2dii) のように将来のことに対する現在の取り決め・約束を意味する用法もある。

1.3.4. 進行形の意味

進行形の意味について，Lewis (1986) の所説を一部紹介する。

進行形の意味上の主要な特徴は，話者が動作・出来事を，時間の流れの2点間に生じたものとみなすことにある。動作に要する時間は，瞬時よりは長く無限の期間よりは短い。進行形のもう一つの特徴は，中断を示唆することがあるということである。進行相が時の2点間の出来事，あるいは動作の非完了を表すことを考えれば，当然のことといえよう。次の2文を比較されたい。

(1) a. The girl *was drowning* in the lake (but someone dived in and rescued her). （女の子は湖で溺れそうになっていた（が，誰かが飛び込んで救助した））
  b. The girl *drowned* in the lake (*but someone dived in and rescued her).
   （女の子は溺死した（*が，誰かが湖に飛び込んで救助した））

進行形を考慮する際，重要なのは動作に要する現実の時間ではなく，その動作を話し手がどのように受け取っているかということである。「雨のなか女王が到着した。折しも爆発が起きた」といった一連の状況を想定してみよう。

(2) a. It was raining when the Queen *arrived*.
  b. The bomb exploded while the Queen *was arriving*.

いずれの場合も，女王の到着に要した時間は同じ長さだったはずだが，話者の主観的な受け取り方には違いがあって，心理的に長くかかったと思われるほうの (2b) には ⟨be + 〜ing⟩ 形が選ばれてい

る。一般論として，二つの出来事 A, B のうち，A が B の中に含まれると話者が受け取るなら，B は時間が延長 (extended) されたものと解釈され，〈be + 〜ing〉形の使用は義務的になる (Lewis (1986: 91, 92))。

発話は状態や事実を記述するだけではなく，次の例 (3a-c) のようにある種の行為を遂行することがある。その場合，通常，進行形では用いない。

(3) a.　I propose a toast to our guests.
　　　　（来客のみなさまのために乾杯（します））
　　b.　I pronounce you man and wife.
　　　　（あなた方が夫婦であることを宣言します）[牧師の言葉]
　　c.　I swear by almighty God to tell the truth ….
　　　　（私は真実 ... を告げることを誓約します）[裁判所での宣誓]

実際に各文を言うには，一定の時間がかかる。その発話行為は現実世界では一定の時間幅 (a period of time) に生じる。しかし，話者の心理的時間においては，その現実時間は時間の一点 (a point of time) として扱われる。(3a) を代表例として取り上げてみる。仮に発話の途中で，誰かが集まっている人々の中に飛び込んできて "What on earth are you doing?"（君はいったい何をしているんだ？）と叫んだとしたら，行為者はおそらく，

(3) d.　"I'*m proposing* a toast to …."

と答えるであろう。これは異常なことではあるが，あり得ないことではない。話し手の頭の中では，乾杯の音頭をとる行為は（点は線とは異なり中断できないのに）中断されたのだから，もはや心理的時間において (3a) の行為を「時点 (a point of time) の出来事」とは見なしてはいない。そのために，中断可能な時間幅 (a period of time) を表す〈be + 〜ing〉の形式 (= (3d)) になって表れたものと考えられる (Lewis (1986: 86))。

1.4. 現在分詞か動名詞か

1.4.1. 述語動詞＋〜ing の慣用用法

現在分詞 〜ing 形が,「〜して(いて)」という意味合いを持ち,先行の述語動詞で表される状態や行為に対し,その内容を補足したり,理由・原因を示したりする一種の補語の働きをする用法がある。その多くは,〜ing 形の前に前置詞を使用することができる。すなわち,これらの用法で用いられる 〜ing 形は,現在分詞とも動名詞ともとれる境界が曖昧 (fuzzy) な語法といえる。以下のようにさまざまな形式で用いられる。

① 人間・事物の動作・行為等に時間がかかることを問題にする 〈be a long time coming〉（なかなか来ない）の形式。〈be + C〉は経過した時間の長さを表す。

(1) a. You will *be a month learning* them.
  (それらを覚えるのに 1 ヵ月はかかるだろう)
 b. He *was* not *five minutes fixing* it.
  (彼はそれを修繕するのに 5 分もかからなかった)
 c. The blind man *was a long time fumbling* his way.
  (盲人は道をたどって行くのに長い時間かかった)
 d. The door *was a long time opening*.
  (扉は開くのに長い時間がかかった)
  cf. This house was *six months in building*.
   (この家を建てるのに 6 ヵ月かかった)

② 〈have a hard time doing〉（〜するのが困難）の形式。

(2) a. The youngsters *have a hard time finding* a job.
  (若者たちは仕事を見つけるのに難儀している)
  cf. *have a hard time believing* it
   (それを容易に信じられない)

b. She *had severe trouble recovering*.
    (彼女は回復するのに非常に手間どった)
c. He *has serious problems controlling* his temper.
    (彼は怒りを抑えるのに重大な問題をかかえている)
d. I *have much difficulty understanding* what you say.
    (あなたの言うことを理解するのは私にはとても難しい)

③ 文の述部の内容を 〜ing 形で具体的に示し,述部補語と呼べるような〈be busy 〜ing〉(〜していて忙しい) の形式。

(3) a. The family *were hard at work picking* the oranges.
    (家族は忙しくミカンの摘み取り作業をしていた)
b. She *has her hands full caring* for her invalid husband.
    (彼女は病身の夫の世話で手がいっぱいだ)
c. The couple *are so occupied fighting* each other.
    (夫婦はけんかに明け暮れている)
d. My husband and I *take turns looking* after the baby.
    (夫と私は交替で赤ん坊の世話をしている)
e. My boy *does a* pretty *good job helping* me.
    (せがれはなかなか手伝いをよくしてくれる)

上に挙げた例はいずれも 〜ing 形の前に「従事」を表す前置詞 with, in などが感じられる: cf. He spends a lot of money *in* entertaining his friends. (友人をもてなすことに大金を使う)。しかし,前置詞を用いない用法が《米口語》では確立されている。

④ 〜ing 形の前に comma を付すと分詞構文扱いにできるような境界線上のもの。③の一部と重なるものがある。このような 〜ing 形が現れる環境は,第 2, 3, 5 文型の後が多いようである。

(4) a. I felt a fool *reciting* the conjugation of the English irregular verbs. [SVC (〜ing)] (英語の不規則動詞の活用を暗誦していると馬鹿みたいな気がした)

b. He was kind *writing* to me like that. (Close (1981: §290))
 (彼は親切にも私にそのように書いてよこした) [SVC (〜ing)]
 [= He kindly wrote to me ....]

c. I always go to bed in a storm. One is so much safer *lying* down. [SVC (〜ing)] (嵐のときはいつも寝てしまう。寝ていたほうがずっと安全だから)

d. I'm afraid I got a little chill *travelling*. [SVO (〜ing)]
 (旅行中にちょっと風邪を引いたようだ)

e. Farmers don't make any money. You'll never make any money *farming*. [SVO (〜ing)] (農家はもうからない。農業をやっていたのでは絶対に金にならない)

f. You've got a lot of nerve *wooing* her. [SVO (〜ing)]
 (彼女に言い寄るなんて大した心臓だね)

g. You know you are a redneck if you have lost at least one tooth *opening* a beer bottle. [SVO (〜ing)] (ビール瓶の栓を開けようとして, 少なくとも歯を1本失っているなら, 自分が赤首だと分かる) [赤首は歯が抜けても痛んでも, 金と暇がないので歯医者にはかからない (→ 1.1.)]

h. She got her finger caught *closing* the door. [SVOC (〜ing)] (彼女はドアを閉じるとき指を挟んだ)

(4) の諸例中の 〜ing 形で示される行為は,「何々をしていて (while 〜ing), 何々の理由で」等といった意味合いで先行の動詞句とゆるやかに結びつく。

以下の二つのジョーク (5), (6) の中で用いられている 〜ing 形は, 上述した ①〜④ のどの用法に該当するかを考えていただきたい。答えはそれぞれの解説の末尾に示す。

(5) Happily innocent of all golfing lore, young Sam watched with interest the efforts of the man in the bunker to play his shot. At last, the ball rose amid a cloud of sand,

hovered in the air, and then dropped on the green and rolled into the hole. 'Oh my,' Sam chuckled, 'he'll have a tough time *getting* out of that one!'

(ゴルフのことなど全く知らないおめでたい若者サムが, バンカー内の男がショットを打とうと躍起になっているのを, 興味を持ってながめていた。ついに, ボールが砂煙をあげて空中に舞い, グリーンに落ちて転がり, 穴の中に入った。「おやおや, あの穴からボールを出すのはなかなか骨が折れるぞ」とサムは面白がった)

ホールに入ったボールは手で取り出してもよいことを Sam は知らない。ホールをバンカーと同じに見ていることは that one の使用に見てとれる。Happily innocent of ... は「...の知識がなくとも満足して」の意で, 文頭に Being を省略した分詞構文。lore「《集合的》(一般に特定の分野の) 学問, 知識」the efforts of N to ~「~しようとする N の努力」Oh my!「《間投詞》(狼狽(ろうばい)・驚きの軽い表現として) おや, まあ」最後の文の getting は現在分詞と解されるが, getting の前に in を用いると動名詞の解釈になる: cf. They *have difficulty* (*in*) *making* both ends meet. (帳尻を合わせるのに苦労している)。答えは ②。

(6) A boy had the bad luck to break a leg *playing* soccer. After his leg had been put in a cast, he asked the doctor, 'when you take the plaster off, will I be able to play the violin?'

'Of course you will,' said the doctor reassuringly.

'That's funny,' said the boy, 'I've never been able to play it before.'

(少年がサッカーをしていて運悪く脚を骨折した。脚にギプスをはめられた後, 医者に尋ねた。「ギプスをはずしたら, バイオリンを弾けるようになりますか?」「もちろんだよ」医者は安心させるように言った。「おかしいな。今までバイオリンなんか弾けたためしがない

のに」)

cf. The doctor *put* her leg *in a cast*. (医師は彼女の足にギプスをはめた)。cast = plaster = plaster cast「ギプス(包帯)」最後の文: be able to の現在完了形。答えは ④。

NB 〈have+the 抽象名詞+to ～〉

上の (6) に出てきた had the bad luck to ～ (不運にも～した) は並列関係で覚えたいイディオムである。並列関係は系列関係 (paradigmatic relation) あるいは選択関係 (choice relation) とも言い、互いに差し替えることのできる言語単位間の関係のことをいう。

(i) a. We *had the* good luck *to* catch the last bus.
       (運よく最終バスに間に合った)
   b. We should *have the* courage *to* oppose crime and vice.
       (犯罪と悪徳に立ち向かう勇気をもたなくてはいけない)
   c. He *had the* impudence *to* tell me I was mistaken.
       (彼はずうずうしくも私が間違っていると言った)

これらの名詞表現は形容詞を用いて同じ意味を表すことができる: e.g. He *was* lucky *enough to* catch the last bus.

1.4.2. ～ing 形は主格補語か分詞構文か

前節の (4) で見たような、～ing 形が主格補語か分詞構文か判別しにくい、いわば境界線上の (fuzzy な) 用法を、文脈の中の具体例で見てみる。

(1) A garbage man was walking along *whistling* while balancing a bin on his head and one on each shoulder.
    'How do you manage to do that?' asked Jack.
    'It's easy,' replied the dustman, 'just put your lips together and blow'
    (ごみ収集人が、頭と両肩に一つずつ載せたごみ入れのバランスを取り、口笛を吹きながら歩いていた。「どうしてそんなことができる

の？」とジャック。「簡単さ。くちびる同士をくっつけて吹くだけさ」)

garbage man「ごみ収集人 (garbage collector)」along「《副詞》先へ，どんどんと」最初の文は，「〜しながら」という意味の 〜ing 形が3個連用されている珍しい例である。whistling「口笛を吹きながら」が本項の問題の語法で，この 〜ing 形は主格補語，あるいは分詞構文のいずれの解釈も可能である。

while (he was) balancing「その一方でバランスをとりながら」dustman「《英》清掃作業員，ごみ運搬人」上の garbage man のこと。英語は同一語を繰り返して使うことを避ける。put your lips together「両唇を合わせなさい」口をすぼめる (purse up one's lips) ことを言っているのであろう。blow「(管楽器を)鳴らす，息を吹く」Jack は，どうしてそのような離れ業ができるのかを尋ねているのであって，口笛の吹き方を尋ねているのではない。

(2) Teacher: If you spend all your time sitting round *playing* on the Internet, you'll be fat and useless when you grow up.
　　Pupil: Wow! You must have spent hours surfing when you were a kid!
(「全部の時間を，のんびり座ってインターネットで遊んで過ごしたら，大人になったとき太っちょになって役立たずの人間になりますよ」「ウワー，先生は子供のとき，何時間もネットサーフィンしていたんですね」)

spend (time) 〜ing「〜して(時)を過ごす」sit around「のんびり座っている」現在分詞の playing が本項の問題の語法で，sit(ting) の補語とも，分詞構文とも解釈できる。〈must have 〜en〉「〜したにちがいない」

1.4.3. 〜ing 形は現在分詞か動名詞か

(1)　A:　Why did your sister tiptoe past the medicine cabinet?

　　B:　Because she didn't want to wake the *sleeping* pills.

　　（「君の姉さんが薬品保管庫をつま先立ちで通り過ぎていったのはどうして？」「(保管庫の中の) sleeping pills を起こしたくなかったからさ」）

tiptoe「(用心して・こっそりと) つま先で歩く」past「《前》(人・建物などを) 通り過ぎて」発音が同じ passed と混同しないこと。medicine cabinet「薬品収納棚」sleeping pills の sleeping は，現在分詞／動名詞の二様に解釈できるしゃれである。(a)［現在分詞］睡眠中の錠剤 (pills which are sleeping) ／ (b)［動名詞］睡眠薬 (pills for sleeping)。

以下に，紛らわしい 〜ing 形の用法をいくつか示す。

(2)　*Visiting* relatives can be boring.　(Hurford & Heasley (1983))
　　a.　親戚を訪ねるのはうんざりすることがある。
　　　　(=It can be boring to visit relatives.)［動名詞］
　　b.　訪ねてくる親戚にはうんざりすることがある。
　　　　(=Relatives who are visiting can be boring.)［現在分詞］
(3)　Everyone knew their business was *making* money.
　　a.　自分たちの事業が利益を上げていることはみんな知っていた。［進行形＝be＋現在分詞］
　　b.　自分たちの務めが金もうけであることはみんな知っていた。［SVO; 動名詞］
(4)　They were always happy *pleasing* children.
　　a.　彼らはいつも子どもたちを喜ばせて満足していた。
　　　　(=They were always happy when pleasing children.)［現在分詞; 1.4.1 節 (4) と類似の構文］

b. 彼らはいつみても幸せな感じのいい子どもたちであった。
(= They were always happy and pleasing children.) ［現在分詞；形容詞用法（=分詞形容詞）］

1.5. It is ... ～ing（動名詞）

It is ... that および It is ... to の形式主語構文のほかに，動名詞を用いた見出しのような形の形式主語構文もある。

(1) Mary's class was taken to the Natural History Museum. 'Did you enjoy yourself?' asked her mother when she got home.
'Oh yes,' replied Mary. 'But *it was* funny *going* to a dead zoo.'
（「メアリーのクラスが博物館に連れて行かれた。帰宅したとき母親が尋ねた。「楽しかった？」「ええ，それにしても死んだ動物園に行くのは変な気持ちだったわ」）

natural history とは「植物学，鉱物学，動物学，気象，天文など，自然界の事物・現象を研究する科学の分野」のこと。it was funny going to ... 形式主語の it は動名詞の going を受けている: e.g. *It is no good thinking you can deceive me.*（私をだませると思ってもだめだ）。文脈を無視すれば dead zoo は「廃れた［使われなくなった］動物園」の意味になる。

動名詞を用いた上記のような形式主語構文の動名詞に意味上の主語がつくこともある。

(2) A boy sat on a train chewing gum and staring vacantly into space, when suddenly an old woman sitting opposite said, '*It's* no good *you talking* to me, young man, I'm stone-deaf!'

(男の子が電車に座って，ガムを噛みながらぽかんとして空中を見つめていた。すると突然，向かいに座っていた老婦人が言った。「おにいちゃん，あんた，あたしに話してもむだよ。あたしの耳は全く聞こえないんだからね」)

chewing gum and staring ...「ガムを噛み ... を見つめながら」主格補語か分詞構文かの境界型。vacantly「放心したように，ぽかんとして」when「(先行文から読み下して) とそのとき」(→9.2.2. ②) opposite「反対側に」It's no good you talking to me「あんたが私に話してもむだよ」It は形式主語で動名詞句 (you talking to me) を受ける。you は talking の意味上の主語なので，この動名詞句はネクサス (第5章) を構成している。動名詞の意味上の主語は原則として，(代)名詞の所有格 (本例では your) で表されるが，くだけた文体では通格 (common case) (= (代)名詞において主格と目的格が同じ形のもの) を使うのがふつうである。stone-deaf「《時に侮蔑的》全く耳の聞こえない」

第 2 章

不定詞

　不定詞は厳密には「to 不定詞句」というべきだが，本章では原形不定詞（＝to のない不定詞）以外，また特に必要と思える場合以外は，単に「不定詞」と呼ぶ。

2.1. 方面指定の不定詞

　ある種の述語形容詞（easy, difficult, fun, hard, tough, etc.）に対して，不定詞が副詞用法として働いて，形容詞の意味に限定を加える場合，この不定詞を方面指定の不定詞（infinitive of specification）と呼ぶ。English is difficult *to* (　). という文で，英語は「発音するのが，書くのが…」など，どんな面で難しいのかを特定する（specify）働きから名付けたものである。見方を変えれば，to 不定詞は形容詞の意味の適用範囲を限定する補語の働きをしている，という言い方もできる（→ 6.3.）。

NB　このような形容詞を変形文法では tough 類の形容詞と呼ぶ。そして，これらの述語を用いた文を tough 構文と呼び，目的語繰り上げ変形（規則）（*tough*-movement）によって，たとえば，(i) から (ii) が派生されると考える。
　(i)　It is easy to please John.
　(ii)　John is easy to please.

(ジョンを喜ばせるのはたやすい)

　上記 NB の (ii) の John は不定詞 (to please) の論理的目的語であるが，下記の (1B) の You は不定詞句のどの要素の論理的目的語になっているだろうか。

(1)　A: What did the bat say to his girlfriend?
　　　B: "You're fun to hang around with."
　　　(「コウモリはガールフレンドになんと言ったか」「君はつき合うのに楽しい人だ」(と言った))

2行目は (a), (b) の二様に解する。(a)〈hang around《口》(ぶらぶらする，うろつき回る)＋with (…と一緒に)〉と分析して，「君と一緒にぶら下がってぶらぶらしているのは楽しい」[bat に関連づけた解釈]。(b)〈hang around with …《口》(…とつき合う)〉と解して，「君はつき合うのに楽しい人だ」。いずれの解釈をとるにしても，主語の you は方面指定の不定詞句 (to hang around with) の with の論理的目的語になっている。

(2)　A: Doctor, doctor, I find it difficult to tell the truth.
　　　B: Don't worry. Once you get on the couch you'll find it very hard to lie on.
　　　(「先生，真実を語るのは難しいと思います」「ご心配なく。いったん診察台に上がると，[(a) 診察台で嘘をつくのは難しい／(b) 診察台は横になるにはとても硬い] ことが分かりますよ」)

医者は患者が用いた difficult を hard (＝couch と縁語) に置き換え，類似構文 (find it difficult to → find it very hard to) および対照語 (tell the truth ⇔ lie) を用いて切り返している。1行目の it は形式目的語で後続の不定詞句を受ける。3行目の it は the couch を指しているので，you'll find the couch very hard to lie on と書き変えると，to lie on は副詞用法の (方面指定の) 不定詞であり，on の論理

的目的語は the couch (原文では it) である。

　冒頭で扱った述語形容詞は難易を表すものであったが，ほかにも，話し手の主観的判断を表す形容詞 (beautiful, delicious, pretty, etc.) や，快・不快の気持ちを表す形容詞 (agreeable, comfortable, delightful, etc.) も方面指定の不定詞を従える。

(3) a. He is *comfortable to talk to*.
　　　（彼は，気軽に話せる）[to の論理目的語は he]
　b. She is *pretty to look at*. （彼女は見た目には美人だ）
　c. They are working hard to make the world an *agreeable* place *to live in*. （彼らは世界を居心地よく住める場所にするために努力している）[in の論理的目的語は place]

　なお，〈形容詞 + to 不定詞句〉の文法的解釈については，6.3.1 節を参照されたい。

2.2. 遡及不定詞

2.2.1. 方面指定の不定詞との違い

　上述の方面指定の不定詞の多くは，ある種の形容詞によって誘起される副詞的用法の不定詞を指す。本節で扱う遡及不定詞には，形容詞用法も含まれる。不定詞に先行する名詞は，不定詞の論理的目的語または論理的主語をなす場合と，そうでない場合（＝不定詞が関係副詞に導かれる節に相当する場合）がある。これを遡及不定詞 (retroactive infinitive) という。前節で扱った方面指定の副詞も遡及不定詞の一種である。両方ともデンマークの文法学者 Jespersen による用語である。

(1) He is not a person *to rely on*.
　　（彼は便りにできる人ではない）[(= on whom to rely) 形容詞用法の不定詞と呼ばれるもの; on の論理目的語は person]

(2) This cheese is *to enjoy the wine with*.
(このチーズは，ワインをおいしく飲むためのものだ)
[SVC (= to 不定詞); with の論理目的語は this cheese]

(3) He is the first *to come*, and the last *to leave* the office.

(Jespersen (1954: §17.2₉))

(彼はまっ先に出社し，最後に退出する)
[二つの遡及不定詞の論理的主語は he; Jespersen は序数詞の後に続く不定詞を遡及不定詞の一種とみている]

(4) We have no time *to rest* here. (ibid.: §17.3₁)
(ここでひと休みする暇などない) [to rest ≒ during which to rest であって time は to rest の論理的目的語ではない。これは例文であると同時に，Jespersen が執筆時の本音を，そっと忍ばせておいたものでもあろう; we = editorial 'we' (主筆の 'we')]

2.2.2. 〈for N to ～〉の形式の遡及不定詞

不定詞の意味上の主語 (N) を示すために，for N を不定詞の直前におく場合がある。

(1) Prosperity: Something the businessmen create *for* the politicians *to* take credit for.
(繁栄: 事業家がつくりだし，政治家が自分の手柄にするもの)

for N to ～「N が～するために」ネクサスである。take credit for ...「...の手柄を横取りする」credit = public attention; praise; favorable notice or regard. Something は create と 2 番目の for との共通の論理的目的語。

ただし，この形式が常に意味上の主語をもつ不定詞となるわけではない。

(2) Polls: Places where you stand in line *for* a chance *to* decide who will spend your money.

(投票所: あなたのお金を, 誰が使うことになるのかを決定するための機会を得ようとして, 列を作る場所)〔選挙によって政権をとった者が税金の使途を決める〕

訳文でも分かるとおり, 不定詞 to decide は chance を修飾する形容詞的用法である。〈for N to ～〉の形式にとらわれず, 意味を優先すべきである。for …「… を求めて」が原義。the polls = the places where votes are cast and registered (*AHD*).

2.3. 分離不定詞

to 不定詞を修飾する副詞は否定辞 not/never であれば to の前に, 一般の副詞であれば to 不定詞の前または後に置く。副詞が前置される例を挙げる。

(1) a. He resolved *never to gamble* again.
    (彼は二度とギャンブルはすまいと決心した)
  b. In order *the better to talk* it over, he lifted the least of the children on to his knee.
    (そのことをもっとよく話し合うために, 彼は一番小さい子どもをひざの上に乗せた)〔the は指示副詞〕

2.3.1. 副詞が修飾するのは不定詞か他の動詞か

副詞の位置によって, 意味が曖昧になる恐れがある。

(1) They taught him *properly to respect* himself.
    ((a) 彼が相応に自重すべきことを教えた)／(b) 彼が自重すべきことをきちんと教えた)

(1) に見るとおり, properly は taught にかかるのか respect にかかるのかが曖昧である。respect にかかること (= (a)) をはっきりさせたければ, これを to *properly* respect とすればよい。このよ

うに，to と原形動詞の間に副詞が割り込んでいる不定詞句を分割不定詞／分離不定詞 (split infinitive) という。

(2) He requested them *urgently to correct* the error.
((a) 彼は誤りを早急に訂正するように頼んだ／(b) 彼は誤りを訂正するよう執拗に要求した)

(2) も両方の解釈が可能なので，読み手に (a) の意味に取ってもらいたいのであれば，*to correct* the error *urgently* とするか，*to urgently correct* というふうに分離不定詞を使わざるを得ない。

(3) He travelled to India *further to acquaint* himself with the language. ((a) 彼はその言語にいっそう精通するためにインドまで旅行した／(b) 彼はその言語に精通するためにさらにインドまで旅行した)

(3) も両方の解釈が可能なので，読み手に (a) の意味に取ってもらいたいのであれば，*to further acquaint* himself というふうに分離不定詞を使わざるを得ない。もっとも，(b) の意味の場合は上掲文よりも，travelled *further* to India のほうが相応しいであろう。〈(大まかな方向の) 副詞＋(具体的な場所の) 副詞句〉の形をとる表現は英語の特徴だからである。

2.3.2. 不可欠な分離不定詞

昔ほどではないが，split infinitive を依然として避ける人がいる。しかし，リズムが損なわれたり曖昧な意味になったりすることを避けるため，split infinitive を使わざるを得ないこともある。以下は分離不定詞が不可欠の例である。

(1) An incident had happened early in the opening of the year, which had served *to greatly strengthen* their friendship.
(年明け早々にある出来事があったが，それが彼らの友情を大いに強

めるのに役立ったのである）

もし served *greatly to strengthen* とすれば, *greatly* は, この文の書き手の意に反して served を修飾すると解される恐れがある。いっぽう, *to strengthen greatly* their friendship とすれば動詞と目的語の間に副詞が入り込むという不体裁が生じる。また, *to strengthen* their friendship *greatly* とすれば, 副詞が, 通常強勢を受ける文尾に置かれるので, 不当に強調されることになる。そのようなわけで上文は分離不定詞が最適なのである（井上（編）(1967)）。

(2) a. I have not space *to more than call* attention.
(注意を促す以上のことをするスペースがない；紙幅が足りないので注意を喚起するだけにしておく)

b. We expect our output *to more than double* in a year.
(我が社の生産高は1年後には2倍以上に伸びるものと思う)［上例と同じく more than は動詞の前に添えられる (→ 12.3.)］

c. *To willfully offend* any lady was, to him, utterly impossible.（故意に婦人を怒らせることは, 彼には全くできないことだった）[*To offend* any lady *willfully* を原文と比べれば, 後者の口調（リズム）の悪さに気づくはずである]

2.4. what ... have to say

have to ～ は, 常に,「～しなければならない」という意味になるわけではない。

(1) Whenever possible, please say whatever you have to say during commercials.（そちらの言い分は, 可能であれば, CM の間に言っていただきたい）

テレビ番組の大事なところで話しかけてくれるな, ということ。whatever you have to say「君の言いたいことは何でも」have to

〜（≒must）の語法ではない。whatever は have の目的語でもあり，遡及不定詞 to say [whatever を修飾する形容詞用法（言うべき）] の論理的目的語でもある: e.g. I'm not in the slightest bit interested in *what* you *have to say*.（私はあなたの言い分には全然関心がない）/ *What* he *had to say* was totally insignificant.（彼が言おうとしたことは全く取るに足りないことだった）/ *What* do you *have to say* in regard to that subject?（その問題についてあなたの意見はどうですか）。

上の一連の表現の元の形を示すと，You have something to say.（言うべき意見をもっている）⇒ [something を先行詞とする関係詞節を作る] ⇒ something [you have (△) to say]（言うべく持っている事柄）⇒ [something を，先行詞を含んだ関係詞で置き換える] ⇒ what(ever) [you have to say]（君の言いたいこと（は何でも））となる。what の代わりに all ... (that), whatever を用いることがある [△は something を移動した後に残った痕跡]。

(2) He's decided that he will share with her the joys and the sorrows, the triumphs and the tragedies, and *all* the adventures and opportunities *that* the world *has to offer*, come what may.

（彼は何が起ころうとも，喜びと悲しみ，成功と災難，世が提供してくれるすべての冒険とチャンスを彼女とともに分かち合う覚悟だ）

... that the world has to offer「世が提供すべく持っている ...」であり，成句としての have to 〜 ではない。come what may「どんなことが起ころうとも（= no matter what happens）」

(3) Only when your consciousness is totally focused on the moment you are in can you receive *whatever* gift, lesson, or delight that moment *has to offer*.

(Barbara De Angelis [www.brainyquote.com])

(あなたの全意識が,いま自分が置かれているこの瞬間に集中して初めて,その瞬間が与えることのできるどんな贈り物,教え,喜びをも受けることができるのです)

Only when ... can you は倒置。否定的・制限的意味をもつ副詞語句が文頭にくると,S と V の倒置 (inversion) が起こる: e.g. *Only* once *did she* write to me. (たった一度しか私に手紙をくれなかった)。N that the moment has to offer「その瞬間が提供すべく持っている N [直訳]」whatever は関係形容詞。

NB この紛らわしい不定詞の用法は,yes-no 疑問文のときには問題にはならない。
(i) Do you have anything *to say* in your defense?
(ご自分を弁護して何か言うことはありますか)[不定詞 (to say) が直前の anything を修飾していることはひと目で分かる]

不定詞について類似の分析ができる表現に次のようなものがある。
(ii) He knows all there is *to know* about navigation.
(彼は航海術について知るべきことはみな知っている)[→ 10.4.(4a)]

第 3 章

クジラの構文

　日本の英語学習者を長いあいだ困惑させてきた英語表現の一つに，"A whale is *no more* a fish *than* a horse is." がある。クジラの構文と呼ばれるこの構文の形式上また意味上の特徴や，付随する問題点について講究する。

3.1. クジラの構文の位置づけと特徴

　クジラの構文は形式上，程度表現の一部とみなせる比較表現である。ゆえにこの構文を，程度を表す相関表現に位置づけ（3.1.1 節），二者の間で比較されるべき性質・状態の程度の差を表す副詞の並列関係（3.1.2 節）という視点から考察する。

3.1.1. 程度を表す相関表現

(1) The hailstones were as big *as tennis balls*.
　　（あられの大きさときたらテニスのボールほどだった）
(2) He was too weak *to raise himself up on his elbows*.
　　（彼は非常に弱っていて肘をついて体を起こすことができなかった）
(3) His story was interesting enough *to make me sit up and listen*.　（彼の話はとても面白く，思わず身を乗り出して聞き入った）

(4) It was <u>so</u> funny *that we were all gasping for breath*.
(それが余りにもおかしかったのでみんな息ができないほど笑いこけた)

上例の下線部は順に,「(と)同じ程度に」,「(には)余りにも」,「(する)ほどに」,「とても」などの意味を表す程度の副詞であるが,斜字体の部分がなければ文としての意味は完結しないので,斜字体の語群(語・句・節)を補文(complement)と呼ぶ。このような副詞の用法を相関用法という。

NB 文脈が明らかな場合は,次例のように補文を伴わない表現法も可能である。
  (i) It tasted like grape juice but not <u>as</u> sweet.
    (グレープジュースのような味がしたが,同じほどの甘さはなかった)

比較を表す表現も,比較の基準となる補文を必要とする点で,上記の4例と類似していることに注目したい。

(5) This headlight is <u>more</u> powerful *than conventional types*.
(このヘッドライトは従来型よりも強力である)

3.1.2. 特徴(1): 基準との差がないことを表す表現である

前節の例文(5)で用いられている more を,さらに程度の差を表す副詞で修飾したものが以下の文である。以下,斜字体で表した程度の副詞を,並列関係で捉えて比較してみる。程度の副詞は,いわば,基準からの隔たりを表すものと捉えることができよう。このように並べて観察すると,クジラの構文で用いられる no の機能と意味が理解しやすい。

(1) This headlight is *far* [*a lot*] more powerful than my flashlight.
(このヘッドライトは僕の懐中電灯よりはるかに強烈である)

(2) This headlight is *ten times* more powerful than my flashlight. (このヘッドライトは僕の懐中電灯より 10 倍強烈である)［厳密には 11 倍］

(3) This headlight is *30 percent* more powerful than my flashlight.
(このヘッドライトは僕の懐中電灯よりも 30 パーセント強烈である)

(4) This headlight is *a little* more powerful than my flashlight.
(このヘッドライトは僕の懐中電灯より少しばかり強烈である)

(5) This headlight is *no* more powerful than my flashlight.
(このヘッドライトの光の強さは僕の懐中電灯と差がない)

(5) の解釈は，補文に含まれる前提が問題になる。その前提が，(a) 懐中電灯に，ある程度の輝度がある，(b) 懐中電灯の明るさはほとんどゼロ，というふうに違えば，文の意味は全く異なる。

(5) a. このヘッドライトの明るさは僕の懐中電灯に比べてぜんぜん強くない。
   b. このヘッドライトは明るいなんてもんじゃない，僕の懐中電灯と全く同じだ。

いわゆるクジラの構文は，補文の否定的解釈である (b) を適用したものである。自動車のヘッドライトの輝度を電池の切れそうな懐中電灯の明るさと比較すれば，後者はないも同然だ。それが一般的な通念であろう。通念もひとつの文脈であり，クジラの構文の解釈も文脈に依存しているのである。このことは後述する。

NB 意味だけに限定すれば，次のように考えることもできる。すなわち，no が more と接触した瞬間にスイッチが入って，「比較の基準からどの程度隔たっているか」という意味から，瞬時に，「(基準と) 差がない [同じである，等しい]」という意味に転換してしまう，ということである。

3.1.3. 特徴 (2): 強い否定を表す表現である

『熟語本位英和中辞典』(斎藤秀三郎 (1937)) に載っている次の用例と日本語訳を見てみよう。

(1) He can *no more* swim *than* I can fly.
　　(彼が泳いだなら僕は飛んで見せる)

この辞典は肯定訳をつけている。この調子でいくと，He can *no more* swim *than* a hammer can. も「彼が泳げるなら金づちだって泳げる」ということになる。肯定の訳のほうが皮肉っぽく響くし，内実は強い否定の意味を伝えるので，英文の意味に近いかもしれない。クジラの構文も「クジラが魚なら馬だって魚だ」と訳せる。ただしそのさい，次の点を踏まえておくことが必要だろう。すなわち，この構文を，「記述の正確さ」，「言い方の妥当性」の比較という観点からながめると，「クジラが魚だなんていうのは，馬が魚だというのと変わらない (＝差がない)」→ そんなことは言えない，というふうに捉えられるということである。

翻訳の工夫をすることは構わないが，この構文は，「馬は魚である」といった，明らかに事実ではない前提を補文に据えることによって，かえって強い否定の気持ちを主節に伝える効果を生みだしているのであるから，「クジラは魚なんかじゃない，馬がそうでないように」といふうに，両方とも否定されていることを公式として理解しておくのが無難である。

Quirk et al. (1985: §15.70) はこの構文の修辞的効果を，比較というよりは強い否定をするためのものだと説明している。この指摘を裏付けるものとして次の例文を挙げることができよう。

(2) You are *no more* perfect *than* I am.
　　(君が完全無欠な人間でないのは僕と同じだ)

非段階的形容詞である perfect は，通常，more によって修飾されることはない。それが上のようにクジラの構文において比較級で

用いられるということは，この構文の機能が優劣の比較ではないことを暗示している。

3.1.4. 特徴 (3): 文脈の支えがある

前述したように，この構文の意味解釈は，文脈に依存しているということである。明白な事実，すなわち「馬が魚でない」というような文脈の支えがない場合，次のように意味は曖昧 [両義] になる。

(1) This question is *no more* difficult than the last.

    a. This question is*n't any more* difficult than the last.

        (この問題はその前のものと比べて少しも難しくない)

        [＝否定の強調; any を at all と置き換えてもよい]

    b. This question is*n't* difficult *any more than* the last.

        (この問題はその前のものと同様難しくない)

        [＝クジラの構文の慣用読み]

(a) は the last (question) の難易については何も暗示していないという解釈だが，(b) では，the last (question) は difficult でないということが，当事者に認識されているという解釈である。

3.2. 複数の意味解釈

前節で，クジラの構文は両義であることを述べた。仮に上例 (1a) を字義的解釈，(1b) を慣用的解釈と名付けよう。字義的解釈をしなければ，実情を無視することになってしまうような例をいくつか挙げる。

(1) He is *no more* intelligent *than* Einstein.

    (彼がアインシュタインより知能が高いなんてことはない)

    [＝He is *not at all more* intelligent *than* Einstein. であって，「アインシュタインと同様知能は高くない」はおかしい]

(2) Like any other facility, the computer is *no more* efficient *than* the person responsible for it.
(他のいかなる装置もそうであるように，コンピュータも決してそれを扱う人間以上に効率的なものではない)
[no は強意の否定 = not at all more efficient than ...]

人間もコンピュータもそれなりに効率的であることは，否定できない。すなわち「...コンピュータもそれを扱う人間と同様，効率的なものではない」というふうに，従来のクジラの構文の慣用的解釈はできないのである。

(3) There is a broadening conviction that priesthood is *no more* supremely useful a career *than* many others.
(聖職はもはや他の多くの職業よりもはるかに有意義な職なんかではないという確信が広まりつつある) [= priesthood is not a career (that is) supremely more useful than ...]

上の文をクジラの構文読み (慣用的解釈) をすると，多くの職業が無益であるということになり，実情に合わない。これらの例は，解釈は広義の文脈に依存することを教えている。

NB 次の 2 例は，形は似ているが互いに全く別の構文である。
 (i) a. There is *no more* dependence to be placed upon his word *than* there is on the wind.
   (彼の約束を当てにできないことは，風を当てにできないのと同じだ) [クジラの構文; no は副詞 (= It is *not* possible to depend upon his word *any more than* it is possible to depend on the wind.)]
  b. There is *no more* terrible mistake *than* to violate what is eternally right for the sake of a seeming expediency.
   (目先の得策のために，永遠の正義を踏みにじるほどに恐ろしい間違いはない) [no は形容詞で mistake を修飾しており，more を修飾しているのではない (= There is *no* mistake (that is) *more*

terrible *than* to violate ....)]

3.3. no more ... than の '...' 部分の語類

'...' の部分にどのような語類がくるかを見てみる。

(1) '...' が名詞の場合
  a. One gun is as good as another. The hijacker is no more a '*criminal*' than any commander-in-chief of a glittering army.

  (Sydney Harris, quoted in *Awake!*, June, 1971)
  (銃はいずれも銃であり，きらびやかな軍隊の最高司令官が '犯罪者' でないのなら，ハイジャッカーも同じく '犯罪者' ではない)
  [cf. One's *as good as another*. (どちらも似たり寄ったりだ)]
  b. You have no more *control* over your basic intelligence than your eye color or your gender or anything else.
  (眼の色や性別また他の事柄と同様，自分の根本的な知能はどうしようもないことだ)
    cf. Do you have no more *politeness* than that?
    (それしか丁寧になれないのか，そんなことをして失礼じゃないか) [(= not any more politeness ...)]

(2) '...' が形容詞の場合
  a. At the distance, peacefully eating, the elephant looked no more *dangerous* than a cow.
  (遠く離れたところでのんびりと草を食んでいると，象は乳牛と同じく危険には見えなかった)
  b. They were no more *able* to perform the task than I was. (*ODE*)
  (彼らは私と同様その仕事をやり遂げることはできなかった)

(3) '...' が動詞の場合

a. A historian can no more *change* the course of events than a mapmaker can change the actual situations.
(歴史家が事の成り行きを変えられないのは，地図作成者が実際の位置を変えることができないのと同じだ)

b. I would no more *think* of hitting a student than I would a policeman. (私には警官を殴るなど考えられないのと同様に，学生を殴ることは考えられない)

c. He could no more *have denied* her request than breathed underwater. (彼が彼女の要望を拒むことなど，水中で呼吸するのと同じく不可能なことだった)

(4) '...' が句の場合

a. He is no more *to blame* than you are.
(彼にとががないのは君にとががないのと同様だ)

b. Depression is an illness. You are no more *at fault* for having depression than if you had asthma, diabetes, heart disease, or any other illness. [www.hypericum.com]
(うつ病は病気なのだ。うつ病であることで当人が咎められるべきでないのは，喘息や糖尿病や心臓病，また他のどんな病気の場合にも咎められるべきでないのと同じだ)

3.4. クジラの構文に付随する疑問

3.4.1. than 節はなぜ肯定か

上のような疑問が生じるのは，この構文が一般に「馬が魚でないのと同じくクジラは魚ではない」と訳されるからである。than 以下の日本語訳が否定であるのに，英語では than 以下が肯定になっているのはなぜか。次の英語はなぜ間違いなのだろうか。

(1) *A whale is *no more* a fish than a horse is not a fish.

既述 (3.1.1 節) したとおり，補文は比較の基準となるものである。

補文を否定することは，基準を否定することになる。否定された基準では比較のしようがない。than 以下が肯定でなければならない理由はそこにある。クジラの構文は，The whale is *no* fish. のもつ強い否定の意味が聞き手の印象に残るように，文の修辞的効果を高めるための手段として，than 以下の補文を刺激的な比較対象［基準］として据えたものであるから，その内容が否定されたのでは比較が成り立たない。

3.4.2. than 節内の否定表現

次のような文を挙げて，than 以下に否定節がきている，と反論する向きもあると思う。

(1) She took *no more* notice of him *than* if he had*n't* been there.
（まるで彼がそこにいないかのように，彼女は全く彼を無視した）

結論から先に言うなら，than 以下は肯定節なのである。than 以下は "than <u>she would have taken</u> if he hadn't been there"（彼がそこにいなかった場合に彼女が目を留めただろう（よりも））の下線部が省略されたものである。if 以下（＝従属節）が否定節であっても，それよりも上位の<u>主節部が肯定文</u>なら，全体として肯定と見なされる。この解釈上の原理は以下の諸例でも有効に働いているといえる。

(2) I would *rather* go late *than not* at all.
（全然行かないより遅刻しても行きたい）

これは (a) I would rather *go*. と (b) I would rather *not go*. の斜字体部を比較したもので，双方とも肯定文であって，否定文（*I would*n't* rather go）ではない。

数量・頻度・特性などの程度の相対的大小を問題にする言い方で，than 節が見かけ上は否定文に見えるが，実際には文否定では

なく，節内の下位要素にある否定部分が残って表れたものにすぎないものがある。

(3) He's seen *more* of the candidates *than* he has*n't* seen.
(志願者のうち彼がまだ会っていない者よりもすでに会った者のほうが多い)

彼がまだ会っていない不特定数の志願者を x-many of the candidates で表すと，He's seen more of the candidates than x-many of the candidates he hasn't seen となる。下線部は（直前の名詞句に吸収される）修飾節であり，この修飾節（＝関係詞節）が，先行詞である名詞句の代示表現として残ったものである。

(4) You can find me in my office *more* often *than not*.
(オフィスにいらっしゃればたいてい私に会えます)

上の例と同じ考え方をする。often = many times と置き換えると "You can find me in my office more times than x-many times you can't find me in my office." となり，n't つまり not が than 以下の代示表現として残ったものと考える。修飾節が否定されているからといって，回数そのものが否定されているわけではない。

3.4.3. than one can help（なるべく）の諸例

次のような慣用表現で，than 以下を否定表現にしないのも前節で説明したのと同様の理屈による。

(1) I borrow *no more* money *than* I *can help*.
(なるべく金を借りないようにしている)

(1) = I borrow *as* little money *as* I *can*. であり，同等比較を用いたパラフレーズの斜字体部分に注目すれば，「なるべく（←できるかぎり）」の訳が充てられる理由が分かる：e.g. Do*n't* be *longer than* you *can help*. (なるべく早くしてください) / Do*n't* spend *more* time

than you *can help* on such trivial matters. (そんなつまらないことになるべく時間をかけるな) / Don't use *more* chemical pesticides *than you can help*. (化学殺虫剤はなるべく使わないようにしなさい) / Don't tell him *more than* you *can help*. (なるべく余計なことは彼に言うな) / I will give you *no more* trouble *than* I *can help*. (なるべくお手数をかけません)

(2) Her eyes could *no more* help shining *than* one star *can help* being brighter than another.
(彼女の瞳がキラキラと輝くのは、ある星が別の星よりも明るいのと同じように、どうしようもないことだった)

3.4.4. than 節が肯定節である別の理由

前項の用例で見た than one can help が肯定節である理由について、細江 (1926: §60) は大略次のように説明している。

> 比較的近代までは、否定の意を強めるため否定語 (never, no, ne, etc.) を繰り返し用いたが、
> I won't say nothing of the sort no more.
> (そんなこたぁ、もう金輪際言わねぇよ)
> に類する表現は現代では卑俗とみなされている。そのため否定辞を用いるのは1度だけという教えが徹底し、理屈の上では than you cannot help とすべきなのに、前に not/no があるため用いなくなった。それが高じて、
> I'll bother you as *little* as I *can help*.
> (なるべくご迷惑のかからないようにします)
> という言い方をだれも疑わなくなった。

(原著の2番目の例文は古すぎるので差し替えた)

これも一つの見方かもしれない。否定語を二重三重にして用いる理由は、論理よりも感情が優先する無教養階級では、否定語が一個

では意味が弱いように感じられることによるらしい。次のような多重否定の例（＝非標準的用法）もある。

(1) I do*n't never* want *no* help from *nobody*.
    （わしは一切誰からもこれっぽっちも助けてもらいたくねぇ）

3.4.5. not more ... than の意味
クジラの構文と類似した次の構文も複数の解釈が可能である。

(1) She is *not more* beautiful *than* her sister.
    a. 彼女が姉以上に美しいということはない。
       ［相手のことば, "She is more beautiful than her sister." に対する反駁; not の意味解釈については 7.5 節を参照］
    b. 彼女は姉ほどには美しくはない。
       ［not の右側が否定の焦点; She is *less* beautiful *than* her sister. *or* She is *not* quite *as beautiful as* her sister.］

ただし，これと同じ形式を取りながら，下記の例のように，力点の置き方がクジラの構文とは逆になる解釈をしなければならないことがある。これを〈X is not more ... than Y〉という形で表した場合，主節 X（の確かさ・真実性）を引き合いに出して Y を強く主張する一種の修辞表現である。

(2) a. I am *not more* sure that I breathe *than* I am that the letter is not at the hotel.　　(E. A. Poe, *The Purloined Letter*)
       （その手紙がホテルにないことは私が生きているのと<u>同じほど確か</u>なことだと思う）
    b. The gospel is *not more* true *than* what I tell you.
       （僕が君に言っていることはキリストの教えと<u>同じほど真実な</u>ことだ）［←キリストの教えのほうが僕の言っていることよりも真実だ，ということはない］　　　　　　　　　　　　　　　　　（吉川 (1952)）

NB 英語特有の語順

　クジラの構文の語順はわれわれ日本人には分かりにくい。これを，類比関係を表す次の慣用構文と比較して仮説を試みたい。

(i)　The outline *is to* the writer *what* the blueprint *is to* the builder.（作家にとって梗概というものは，ちょうど建築家にとっての青写真と同じである）

という文は，英語構文の公式として，

(ii)　A *is to* B *what* X *is to* Y.

で表される。英語特有の語順をとる上の表現よりも，

(iii)　A to B is what X to Y is.

　　　（B にとっての A は Y にとっての X のようなものだ）

というふうな論理的構文にしたほうがわれわれには理解しやすい。なぜなら，[A：B＝X：Y] という比例関係は理解するのが容易だからである。しかし，英語という言語は，特別の理由がない限り S と V との間に他の要素を介在させない，いわば「SV 緊密の原理」が働いて，(ii) に見るような表現形式をとる。これと似ているのがクジラの構文である。

　上記 (iii) をかりに，[A：B] is what [X：Y] と表すなら，クジラの構文は，

(iv)　[A—B] is no more than [X—Y]

　　　（[A—B] であるのは [X—Y] であるのと同じだ）[[A—B] という表記は，A を主語として B の叙述がなされていることを示す]

と表せる。(iv) に「SV 緊密の原理」を適用し，さらに英語の特性にしたがって，否定辞 (no) をその焦点となる語 (more) を伴ってなるべく文頭に近い位置に移動すれば，

(v)　A is *no more* B *than* [X—Y].

という表現形式が得られる。この語順は (ii) に近い。

第 4 章

比較級表現

　本章では，形容詞や副詞の原級・比較級・最上級を含む表現形式の基本的な事柄は修得済みという前提のもと，比較級を用いた表現を 2, 3 の事柄にしぼって検討する。大なたを振るった言い方を許されるなら，比較級による比較法は，単に二者の性質・程度等を比較するだけでなく，否定辞と共に用いて否定の意味を強めたり，二者に差がないことを示したり，除外や限度を示したりするときにも用いられる。

4.1. 比較の対象が明示されない場合

　比較級が用いられていて，比較の対象が明示されていない場合，文脈から探ることによって，いっそう意味が明瞭になる。最初は機内での悪ふざけ。

(1) Bring a cellular phone. Call God. Say, "The reception is much *clearer* up here."
　　(携帯電話を取り出す。神様に電話して言う，「こんなに高い所ですと，受信状態ははるかに良好です」)

比較の対象はもちろん地上 (much clearer up here (than on the earth))。

(2) You might be a caffeine addict, if your heart beats noticeably *faster* as a reaction to the smell of coffee.
(コーヒーの匂いに反応して，あなたの心臓が（以前と比べて）ぐんとはやく打つなら，あなたはひょっとしてカフェイン中毒者かもしれない）(faster (than before))

(3) Drinking on the job makes fellow employees look *better*.
(職場での飲酒は，同僚社員が（しらふのときより）よい人のように見えるようにしてくれる）

(3) は酒酔いがなさしめる勘違い。下線部は「りっぱな，親切な，善良な，すてきな」等，good の訳語で当てはまりそうなものは何でも選択できる (better (than otherwise))。

(4) Bill: I hope you're completely well now.
    Mary: I *couldn't be better*.
    (「もうすっかり元気になったのならいいけど」「今が最高よ」)

仮定法過去 (could) は現在のことについて述べるもの。「今よりもよい状態（を望んでも良く）はなれないだろう」→「今が最高」: e.g. They both *couldn't be happier* since they got married. (結婚以来二人とも今が最高に幸せだ) [過去のどんな時と比べても (than at any time in the past) の意]。

4.2. no/not と more/less との共起

第3章で［否定辞×比較級］の代表構文である「クジラの構文」について仔細に検討した。意味が把握しにくいのは上記の構文ばかりではない。各種の否定辞と more/less との組み合わせが，いくとおりもの複雑な意味を生じることは，英語を勉強したものならだれでも経験的に知っていることである。「... 以上／... 以下を否定すること (not more / not less)」と「差がない ('=') ことを述べ

ること (no more / no less)」とは全く別であるから，意味が異なるのは当然である。個々の表現形式の検討に入る前に，否定辞と比較級の組み合わせを公式化してみたので，予備知識として次頁の表とともに概観してほしい。

 not more than 10「せいぜい 10（≦10）」
  ［否定のニュアンス；「＞」を否定］
 not less than 10「少なくとも 10（≧10）」
  ［肯定のニュアンス；「＜」を否定］
 no more than 10「たった 10（＝10）」
  ［否定のニュアンス；同等（＝）の意味］
 no less than 10「10 も（＝10）」
  ［肯定のニュアンス；同等（＝）の意味］

最初の二つについては，暗記法が昔から定まっている。下線部に注目して，not more than＝at most；not less than＝at least と理解するのである。no を用いた表現は注意を要するので，ここで再確認しておきたい。no の直後に比較級がくると，スイッチが入ったように，優劣の意味は直ちに転換されて比較の対象［基準］と同じレベルだ，という意味になる。no more は否定の意味で，no less は肯定の意味で，「＝」（等しい）ということになる。

4.3. no/not と more/less の組み合わせのタイプ

次頁の表で説明してあることは，おおよその原則である。この表をまず概観していただきたい。その後，個々のタイプごとに最初に基本的な例文を，そのあとに実際の用例を示して，この原則を検討し確認してみる。

no / not と more / less の組み合わせのタイプ一覧

	タイプA	タイプB	タイプC	タイプD
	(X) more than Y	X more ... than Y	(X) less than Y	X less ... than Y
Notの場合	〈タイプA1〉 ≯ (Yを超えない) ⇒ (X)≦Y than は限度を表す	〈タイプB1〉 …に関して X≯Y⇒X≦Y than は基準を表す	〈タイプC1〉 ≮ (Yを下回らない)⇒(X)≧Y than は限度を表す	〈タイプD1〉 …に関して X≮Y⇒X≧Y than は基準を表す
意味	「XはY*以下」 →「最大でY*」 →「せいぜいY*」	「…の点でY以上ではない；Yと同じかそれ以下」	「XはY*以上」 →「最小でもY*」→「少なくともY*」	「…の点でY以下ではない；Yと同じかそれ以上」
noの場合	〈タイプA2〉 差を否定（＝同等） 否定感情 than は同等を表す	〈タイプB2〉 差を否定（＝同等） 否定感情 than は同等／基準	〈タイプC2〉 差を否定（＝同等） 肯定感情 than は同等を表す	〈タイプD2〉 差を否定（＝同等） 肯定感情 than は同等／基準
意味	「たったY」 「Yにすぎない」	①「Yと同じく…でない」 ② B1の強意表現	「Yも」 「まさしくY」	①「Yと同じく…である」 ② D1の強意表現
備考	Y*は数字		Y*は数字	

4.3.1. [Type A1] not more than

(1) Write a description, in *not more than* 200 words, of the ideal teacher.（理想的な教師像について200語<u>以内</u>で書きなさい）

(2) There are beautiful mountains *not more than* ten minutes' drive away.

（車を走らせて10分<u>足らず</u>のところに美しい山がある）

(3) Books, to the number of *not more than* eight at one time, may be taken out of the Library by any member.

(会員はどなたでも1回に最高8冊<u>まで</u>館外借り出しができます)

cf. Children *cannot* keep still for *more than* a few minutes. (子供たちは数分間<u>しか</u>じっとしていられない) [not の焦点は for more than a few minutes]

4.3.2. [Type A2]　no more than

(1) Their offer was *no more than* an empty gesture.
(彼らの申し出はうわべだけの行為に<u>すぎな</u>かった [で<u>しか</u>なかった])

(2) Any gene mutation results in *no more than* alteration of already existing or known traits.　　　(*Awake!*, Oct., 1973)
(遺伝子に起きる突然変異は如何なるものも、既存もしくは既知の形質が変化したもの<u>にすぎない</u>)

(3) From the Indians' viewpoint, the settlers' movement west was *no more than* an invasion and stealing of Indian territory.　　　(*Awake!*, May, 1971)
(インディアンの見地からすれば、移住者たちの西方移動はインディアンの土地へ侵略、その土地を盗むこと<u>以外のなにものでもなかっ</u>た) [次の用例とともに、「除外の than (... 以外の)」に近い (→ 4.5. (3))]

(4) The soldiers could do *no more than* they were commanded. (兵士たちは命令を<u>越えた</u> (以外の) 行為をしてはならなかった←命令された<u>以上のこと</u>) [以上 more は名詞]

4.3.3. [Type B1]　not more ... than
例文については、3.4.5 節を参照されたい。

4.3.4. [Type B2]　no more ... than

このタイプは第3章で詳述したクジラの構文である。繰り返しになるが，この構文は，① クジラの構文的解釈 (not ... any more than ～) と，②「～に比べて少しも ... でない (not at all more ... than ～)」の二つの解釈を認めるべきである。従来，① のほうの意味解釈に重点を置きすぎて，② のほうの解釈を見過ごしてきたきらいがある。実際の用例ばかりでなく，辞書編集者も ② の解釈を認めている。そのことは，当該の部分に与えた次のパラフレーズから見てとれる。

(1) Selling goods abroad is *no more* difficult (= not more difficult) *than* selling to the home market.　　(*LDCE*)
　　(商品の海外販売は国内市場への売り込みほど困難ではない)

4.3.5. [Type C1]　not less than

(1) He has *not less than* a million dollars.
　　(彼は少なくとも 100 万ドルは持っている) [= at least]
(2) We kept the heat at *not less than* 95°C.
　　(温度をセ氏 95 度を下回らないようにしておいた)
(3) They obtained *not less than* 10 ¢ per kilogram profit.
　　(会社は 1 キログラムにつき少なくとも 10 セントの利益を得た)
　　　　　　　　　　　　　　　　　　　　　　　[以上 less は名詞]

4.3.6. [Type C2]　no less than

(1) He has *no less than* a million dollars.
　　(彼は 100 万ドルも持っている) [= as much as]
(2) It once took *no less than* eighty days to go around the world. (かつて世界一周には 80 日もかかった) [= no fewer than, as many as] [less は名詞]

(3) It cost him *no less than* his life.
(そのために彼は命までも失った)

(4) The hen loves her chickens *no less than* our mother loves us. (雌鶏は母がわれわれを愛するのと同じようにひなを愛する)
[less は副詞]

no(t) と less が共起した場合の意味のちがいは，no(t) more の場合と対称的になるはずだが，言葉はしゃくし定規のようにはいかない。特に no(t) less の場合，使用頻度が少ないので，上記の意味上の区別がぼやけがちだと指摘する学者もいる (Quirk et al. (1985: §15.70))。この指摘は [TypeD1], [Type D2] に顕著に見てとれる。

ちなみに *OALD* は，no = [*adv.*] used before adjectives and adverbs to mean 'not'（[副詞] 形容詞・副詞の前に用いて，not を意味する）と用法の説明をした後，一つの例文として，

(5) Reply by *no* later than 21 July.
(遅くとも7月21日までに回答ありたし)

を挙げている程度であるから，英語を母語とする人びとにとっては，われわれ英語を学ぶものが大騒ぎするほどに，no と not のちがいを意識してはいないようである。*OALD* はまた，イディオムである 'no/not later than' を一括して見出しにし，'by a particular time and not after it' (遅くとも) と定義しているように，no と not の区別をしていない。つまり，用例 (5) では no の代わりに not を用いることができる，ということである。

4.3.7. [Type D1]　not less ... than

日本人には，美しいとか価値があるといったプラスのイメージのある言葉に対し，「より少なく」とか「より低く」などといったマイナス向きの発想をする習慣はない。日本語の仕組みがそのように

なっていないからである。ゆえに, less が顔を出す英文が苦手である。多くの例文に触れて慣れるしか方法はない。

(1) She is *not less* beautiful *than* her sister.
　a. 彼女は美しさの点で姉以下ということはない。
　　　[not の焦点は She is less beautiful than her sister. の文全体]
　b. 彼女は美しさの点で姉に引けを取らない。
　　　[not の焦点は less beautiful = She is *as beautiful as* or *more beautiful than* her sister.]

　(b) のような解釈ができるのは, 上掲表の当該個所に見るように,「美しさに関して［彼女≪姉］」という図式が成り立つからである。not の焦点化機能については 7.5 節を参照。この形式の実際の使用例は少ない。

4.3.8. [Type D2]　no less ... than

(1) She is *no less* beautiful *than* her sister.
　a. 彼女は姉と同じように美しい。
　　　[= She is quite *as* beautiful *as* her sister.]
　b. 彼女の美しさは姉に少しも劣らない。
　　　[強い否定 (= She is *not at all* less beautiful than her sister. (姉に勝るとも劣らず美しい)]

　上の (1a) は, クジラの構文と形式が類似していることから推測できるように, 姉は美しいという前提があっての読みである。そして, 実際にはこのタイプは, もっぱら (1a) の意味で用いられ, '...' には名詞か形容詞（まれに副詞）がくることが多い。

(2) A whale is *no less* a mammal *than* a horse is.
　　（クジラが哺乳類であるのは馬（が哺乳類であるの）と<u>同様</u>だ）
　　[more の反対語 less が用いられている; クジラの構文と比較]

(3) Women are certainly *no less* human in the need to be recognized and appreciated for what they are *than* are men.

(*Awake!*, Jul., 1988)

(ありのままの自分が認められまた感謝される必要がある点では，人間として女性も男性と変わりない)[最後は SV の倒置]

(4) We met with *no less* vehement remonstrance of our mother. ((a) われわれはそれと同じように (=同じ程度に) 猛烈な母の抗議に出くわした [no は副詞: 語否定] ／ (b) (われわれはそれより穏やかな母の抗議に出くわさなかった [no は形容詞: no (less vehement) remonstrance ...: 文否定])

以下は less の後に名詞が続く例。

(5) People used to be more simple, straightforward and unspoiled. Today the change in people's attitudes is *no less* a change *than* all the material ones together.

(*Awake!*, Jan., 1971)

(以前，人々はずっと素朴で正直で，甘やかされてはいなかった。こんにち人々の態度の変化は，物質面の変化をすべて合わせたものに決して劣らない)[is の補語は change。less は形容詞: a less change の形容詞 less が，副詞 no に牽引されて語順を変えたもの]

(6) It was *no less* a person *than* the prime minister.
(それはまさしく総理大臣その人だった) [に断然劣ることのない→にほかならない]

4.4. nothing less than ...

先に見た no less than は数量の大きいことを強調するのに対し，nothing less than は本質を強調するといわれている。後者は (a) 「まさに ... (そのもの)，ほかならぬ ...；全く，... 以外の何ものでもない」／(b)「《まれ》 ... ほど〜しないものはない，全然〜しない」の

両義がある。

(1) '...' が形容詞の場合
   a. He regarded the cost of living as *nothing less than* scandalous. (彼は生計費を全く言語道断だと感じていた)
      [=positively] [cf. nothing 《*adv.*》= not at all]
   b. What we have seen in the film is *nothing less than* shocking and disgusting. (映画の内容はまさに衝撃的で嫌悪の念を催させるものだった) (←以外の何物でもなかった)
   c. His success was *nothing less than* (= *nothing short of*) miraculous [a miracle]. (彼の成功は全く奇跡であった)
      [short of = below the degree of]

(2) '...' が名詞の場合
   a. Simply put, teen-age drivers can be reasonably viewed as *nothing less than* a menace. (率直に言って,十代のドライバーは紛れもない脅威とみなして差し支えない)
   b. I will be satisfied with *nothing less than* your complete agreement.
      (あなたの全面的な合意がなければ私は満足できません) (←全面的な合意以外の何によっても満足しない) [less は形容詞]

下に紹介するのは両義表現である。Parsing を試みてみる。

(3) We expected *nothing less than* an attack.
   a. 少なくとも攻撃ぐらいはあるだろうと覚悟していた (←攻撃以下のことは期待していなかった)。(= *nothing short of*)
      [複数の parsing が可能である。① nothing (= not at all) は副詞で less は名詞 (田桐(編) (1970: 281)); ② この句のパラフレーズから (nothing は short of を修飾すると) 推測して, nothing (= not at all) は副詞で less (= of lower importance) は形容詞; ③ nothing が代名詞で形容詞句 less ... によって修飾されている

b. 攻撃など少しも予期していなかった（←攻撃ほど予期せぬものはなかった）。(＝nothing so little as)
   [nothing は代名詞；less は副詞；cf. *Little* did I expect to meet her again. （彼女に再会しようとは思いもしなかった）]

(3a) で less を名詞ととる田桐の見方は，上記の例文が載っている *COD* によるものと思われる。nothing の解釈も less と連動しているので複雑である。さすがの *OED* も「nothing が副詞なのか不定代名詞なのかを述べることはしばしば不可能である」とさじを投げている。ただし，同辞典は，"The combination *nothing less than* has two quite contrary senses."（nothing less than という語結合には正反対の二つの意味がある）と明確に述べ，同じ例文を挙げているわけではないが，(3a) のほうは 'quite equal to, the same thing as'（まさに）の意味，(3b) のほうは 'far from being, anything rather than'（まさか）の意味だと説明している (s.v. less, A. II. 7.b, B.3)。最後の anything rather は *COD* が nothing less にあてている定義である。

4.5. その他の［否定辞×比較級］の慣用用法

(1) You did *not* come, *no more* did he.
    （君は来なかったが，彼も来なかった）
    [＝neither did he: 否定表現の後ろで用いる]

(2) "I would*n't* have had the courage to say that." "*No more* would Jack, if he hadn't had a few drinks beforehand."（「僕にはとてもそんなことを言う勇気はなかったよ」「ジャックだって事前に 2, 3 杯やっていなかったらそう［同じ］だったろうよ」）

(3) It was *nothing more than* an accident.

(それは単なる偶然にすぎなかった) [本例の than は other, else, different などと共に用いられる「除外の than (... 以外の)」に近い (=nothing else than, nothing but, only)]

(4) The village was *little more than* a collection of huts.
(村はせいぜいあばら家の集合といった程度のものだった)

(5) Her situation provoked her to *little less than* madness.
(そういう状況に置かれて彼女はほとんど気が狂いそうだった)

(6) Now the dollar is worth so little, it seems counterfeiters do*n't* even bother to counterfeit *anything less than* $20 bills. (今ではドルの価値が非常に低いので, 通貨偽造者は20ドル紙幣以下の紙幣をわざわざ手掛けたりはしないようだ)

(7) He tried to explain the rules to me, but I'm *none the wiser*.
(彼は私にルールを説明しようとしてくれたが, 私には相変わらず分からない) [=not knowing any more than before; the は指示副詞で,「その分だけ, それだけ」の意味。以下同断]

(8) It was cold and windy during the parade but we were *none the worse for* the weather. (パレードのあいだ寒く風が吹いていたが, そんな天候でも私たちはどうもなかった) (←...のせいでそれだけ具合が悪いということもなく) [=were not harmed, damaged or hurt despite the weather]

(9) After three years of steady driving the car was still *none the worse for wear*. (ずっと3年間使い続けたあとも車はまだどこも傷んでいなかった) [=《*informal*》in good condition despite hard use or a difficult experience; 衣類がすり切れるイメージから]

(10) Bill: Hi, Ted. How have you been doing?
Ted: *No more than* I have to.
(「やあ, テッド, どうしてる[元気かい]?」「まあ, 適当に[ぼちぼち]やってるさ」)

挨拶の返事の表現としては, 上例は少し変わっている。声をかけ

たほうが用いた「状態」を尋ねる疑問副詞 how（どんな具合で）を，返事を返す側がちゃめっけを働かせ，「程度」を尋ねる疑問副詞 how（どの程度）に受け取ったふりをして，程度表現 (no more than) を用いて応答したものであろう。だれかが一時的に冗談めかして用いたものが，市民権を得て定着したものと思われる。本章に関連づけるなら，応答文は [Type A2] であり，「やらなければならないことだけさ」ということになる。

　英語学習者を悩まし続けてきた 'no more ... than', 'no less ... than' を見出し (headword) として扱っていない英和辞典はない。他方，これらを見出しとして載せている英米の辞書はほとんどない。英語話者にとっては問題にならない語法なのだろう。英米人は言葉を覚え始めたときから比較法がインプットされ，特別意識しなくても理解できるものと思われる。

第 5 章

ネクサス

ネクサスとは,「主語 + 述語」の意味を構成する語群のことで, 伝統文法ではおなじみの用語である。この用語と概念を教室でも積極的に用いていくことを提案したい。

5.1. ネクサス (nexus) の概念

文の構成要素間における, ある意味関係を示すのに便利な概念として, ネクサス (nexus) とジャンクション (junction) というものがある。次の二つの文を比較してみよう。

(1) a. I found *the bottle empty*.
    (見てみると, 瓶は空だった)[SV*OC*; 斜字体部分が nexus]
  b. I found *an empty bottle*.
    (空の瓶を見つけた)[SVO; 斜字体部分がジャンクション (junction = 連結); 修飾・被修飾の関係にある語群のこと]

(1b) では found の目的語は bottle だといえるが, (1a) では, bottle の存在は (the によって) すでに前提されているので, bottle を found したとはいえない。found したのは,「the bottle が empty であること」である。(1a) は, (1c) I found the bottle to be empty. (その瓶は空であることが分かった) や, (1d) I found that the bottle was empty. と意味的にほぼ同じであり, the bottle と empty とは意味上「主語＋述語」の関係があって, 修飾・被修飾の関係をもつ語群であるジャンクションの (1b) とは, 明らかに違う。このような O と C との間の<u>意味の上での「主語＋述語」の関係</u>をネクサスと呼び, [OC] の部分を一まとめにしてネクサス目的語 (nexus-object) と呼んでいる。例を 2, 3 挙げる。斜字体部分をネクサス目的語ととらえるのが理にかなっていることが分かるであろう。

(2) I insisted upon *John dining with us*.
(ジョンが一緒に食事をすることを強く求めた)

(3) I want *you to stay with me*.
(君に一緒にいてもらいたい)
[want の目的語は<u>意味的には</u> you ではない]

(4) I hate *you speaking with your mouth full*.
(君が食べ物をほおばってしゃべるのは嫌いだ)
[hate の目的語を you とすることはできない。you という人間自身は好きかも知れないから]

　上記のネクサス (ネクサス目的語) という用語は, Jespersen によるものだが, 変形文法で言うところの小節 (small clause) に相当する。以下の例では, 斜字体部分がネクサス目的語で, そのネクサスの述部にくる句[1]の種類を [ ] 内に示す。

(5) We consider *Bill a genius*.
(ビルを天才だと思っている)［名詞句］

(6) He made *her very sad*.
(彼は彼女に悲しい思いをさせた)［形容詞句］

---

[1] 変形文法では, 主要語 1 語でも句は成立する。

(7) I saw *him run down the street*.
（彼が通りを向こうへ駆けていくのを見た）［不定詞句］
(8) I could hear *the train running*.
（電車が走っているのが聞こえた）［現在分詞句］
(9) He kept *his eyes fixed on her face*.
（彼は彼女の顔をじっと見つめていた）［過去分詞句］
(10) I insist on *you(r) accompanying her to the party*.
（彼女のパーティー行きには何としても君に同行してもらいたい）
［動名詞句］
(11) They found *the house in ruins*.
（家は廃墟になっていた）［前置詞句］

このネクサス目的語の概念を，〈have + O + C〉構文（→ 5.2.）や，付帯状況を表す〈with + O + C〉句（→ 5.3.）の，[O + C] の部分に当てはめることができる。

5.2. 〈have+O+C〉構文

〈have + O + C〉構文も，[O + C] はネクサスを成しており，C の要素にとりわけ多くの種類の語句がくる。この have の意味として，① 主語に意志・意図が働いていると文脈から読みとることができるのであれば，「O を C で示すような［状態に至らせる／行動を取らせる］」［= 使役］というふうに，また，② 主語に意志・意図が働いていないと感じられるならば，「O が C である状況・事態を，持つ・経験する」［= 経験］，とだいたいの意味を把握し，② の場合は，個々の C の特性に応じて，さらに受身・受益・受容・被害・甘受等の意味を加味し，文脈に応じて訳を考えればよい。

ただし，上記のような細分化された意味に截然と分けることは困難であり，以下の例文の［ ］内の意味はあくまで便宜上のものである。C の位置にどのような語類・語句がくるかによって七つに

分類した。この構文はよく使われるので、また〈with + O + C〉句（→ 5.3.）を理解する基盤となるので、しっかりと理解したい。なお、下記 (2), (3), (4) の斜字体部分は、七文型で考えれば [SVOA] の A に相当するものであるから、厳密に言うなら、〈have + O + C〉は〈have + O + C [A]〉と表記しなければならない（A は adverbial adjunct（副詞的付加詞）のこと）。なお、(6) は経験受動態と呼ばれるが、その最初の数例に見るように経験以外の意味もある。

(1) 形容詞
   a. We have two libraries *available* to students.
      （本学では学生は図書館を二つ利用できます）
   b. She likes to have things *nice and clean*.
      （彼女はきれい好きだ）
   c. We always have this room *ready* for use.
      （この部屋は常時使えるようにしてあります）

(2) 副　詞
   a. I don't know why she likes to have these people *around* all the time. （彼女がどういうつもりであんな連中にいつも取り巻かれていたがるのか分からない）
   b. I had the radio *on* and was singing softly.
      （私はラジオをつけて小声で歌を口ずさんでいた）
   c. We had the Smiths *over* for dinner last night.
      （ゆうべスミス夫妻を夕食に招いた）

(3) 前置詞句［副詞句］
   a. He had his back *against the wall*.
      （彼は壁に寄りかかっていた）
   b. He had his arms *around her*.
      （男は両手で女を抱きしめた）
   c. You have your guest *in the drawing room*.
      （お客様は応接間にお通ししておきました）

(4) 副詞節

They had him *where they wanted him*.

（会社は必要とする部署に彼を配置した）

(5) 原形不定詞

    a. We had a fire *break* out last night.

       （昨夜火事に出られた）（斎藤英和）［被害］

    b. I have had my wife *complain* of it.

       （それについて妻に小言を言われた）［受身, 被害］

    c. Nutritionists would have us all *eat* whole grains.

       （栄養士たちは皆に精白していない穀物を食べてもらいたいと思っている）［使役］

    d. I had a curious thing *happen* to me yesterday.

       （昨日, 妙な経験をした）［経験: 被害・受益については中立］

    e. I'd like to have you *join* us.

       （君に仲間に入ってもらいたい）［使役］

    f. You can use the timer to have it *turn* on and off automatically. （タイマーを使って自動的にスイッチの切り換えができます）［使役］

(6) 過去分詞

    a. Have the job *done* by tomorrow!

       （その仕事を明日までに仕上げてしまいなさい）［完了］

    b. He had his arms *folded*.

       （彼は腕を組んでいた）［受身, 状態］

    c. I had the house *painted*.

       （家にペンキを塗らせた／塗ってもらった）［使役／受益］

    d. I've had so many kindnesses *shown* to me by the faculty.

       （教職員のみなさんには本当にいろいろ世話になった）

       ［受身, 受益］

    e. You had better have your eyes *tested*.

       （検眼してもらったほうがよい）［受身, 受容］

f.　He has had me *worried* since then.
　　　　(それ以来，彼から心配のさせられどおしだ)［受身，被害］
(7)　現在分詞
　　a.　I have a headache *coming* on.
　　　　(頭痛がしてきた)［被害］
　　b.　We have three guests *coming* tonight.
　　　　(今晩，客が3人来る)［?受益／?被害］
　　c.　We have orders *coming* in from all over the country.
　　　　(国じゅうから注文が舞い込んでいる)［受益］
　　d.　The author always has his characters *doing* foolish things. (著者はいつも作中の人物にばかばかしい振る舞いをさせている)［使役］
　　e.　We can have this coin *floating* on the water.
　　　　(この硬貨は水に浮かせることができる)［使役］
　　f.　On Mother's Day I wonder if my natural mother has anyone *giving* her a card or flowers.
　　　　(母の日には，自分の生みの母が，誰かからカードか花をもらっているのかしらと思う)［経験／使役，受益］
　　g.　Did you have your fan *going* in your room last night?
　　　　(ゆうべ扇風機をつけっぱなしにしなかったか)［使役，放任］
　　h.　We can't have people *arriving* late all the time.
　　　　(世人がいつも遅刻してくるのは許せない)
　　　　［受容; will not, cannot の後では「甘受する」の意］

　ジョークの中では，have が〈have + O + C〉の文型で用いられる例は非常に多い。いくつかの例を挙げる。

(8)　You realize you are a nurse when you've been telling stories in a restaurant and have someone at another table throw up. (レストランで話をしていると，別のテーブルにいる人がもどしてしまうとき，自分はつくづく看護師だと悟る)

手術の様子や排泄物のことを平気で話す看護師同士の話を聞いていて嘔吐するのである。〈have＋O＋～ ［＝原形不定詞］〉「Oに～させる」［使役］。

(9) In Southerland, Iowa, a law governs how horses may be seen when on the streets during evening hours. The animal must always have a light attached to its tail and a horn of some sort on its head.
(アイオワ州サザーランドでは，夕方，路上での馬の外観を法律が規定している。馬は必ず，尾には照明を，頭には何らかの警笛をつけていなければならない)［古い条例］

車のテールランプの走りである。a horn を「角」と訳してはならない。一角獣になってしまう。how horses may be seen「馬の見え方」when (they are) on the streets と補う。問題の〈have＋O＋C〉構文は，have a light attached＝〈have＋O＋～en〉と have a horn of some sort on its head＝〈have＋O＋副詞句［A］〉の2か所。

(10) A scoutmaster asked one of his troop what good deed he had done for the day. 'Well,' said the Scout. 'Mum had only one dose of castor oil left, so I let my baby brother have it.' (ボーイスカウトの隊長が団員の一人に，今日はどんな良いことをしたかと尋ねた。その子は答えた。「あのー，母ちゃんにはヒマシ油（の服用量）の1回分しか残っていなかったので，弟の赤ちゃんに飲ませました」)

答えた男の子は，良いことをしたと思っているが，実は弟に下剤を飲ませたことになる。scoutmaster「ボーイスカウトの大人の指導者［隊長］」troop「《集合的》（ボーイスカウトの）隊」本文は one of his troops でないことに注意。隊の中の一人のことを言っているのであって，いくつもの隊のうちの一つの隊のことではない。for the day「その日は，きょうは」Scout 大文字にしてあるのは固有名詞扱いのため。Mum had only one dose of castor oil left「母ちゃんにはひまし油（の服用量の）一回分しか残っていなかった」⟨have + O + 〜en⟩ の形式である: e.g. I *have* two apples *left*.（私にはりんごが 2 個残っている）。dose「（飲み薬などの）服用量（の 1 回分）」castor oil「ヒマシ油」

(11) Mom: If I had five coconuts and I gave you three, how many would I have left?
    Son: I don't know.
    Mom: Why not?
    Son: In our school we do all our arithmetic in apples and oranges.
    （「ママがココナツを五つ持っていて，あんたに三つあげたら，ママにはいくつ残るの？」「分からない」「どうして？」「僕の学校じゃ，算数はリンゴとオレンジを使ってやるんだもん」）

how many *would* I *have left*?「私には何個残るだろうか？」斜字体の部分は仮定法過去完了の形をしているがそうではない。経験受動態 ⟨have + O + 〜en⟩ を用いた仮定法過去である [how many が O]。in「《手段・材料》… を使って，… で」: e.g. Write it *in* capitals [pencil].（それを大文字 [鉛筆] で書きなさい）。

5.3. ⟨with + O + C⟩ 句

前置詞は目的語をとるため，小動詞とさえ呼ばれる。その典型的な前置詞は付帯状況を表す with である。⟨with + O + C⟩ の形で用いられ，O ばかりでなく C も従える。⟨with + O + C⟩ 句の with の意味・機能は，⟨have + O + C⟩ の語法で使われる have の現在分詞 having［副詞にも形容詞にもなりうる］とほぼ同じと考えてよい。この事実はつとに，*ALDCE* が with の最初の定義の括弧書きの中

で，'equivalent to constructions with the v. *have*'（動詞の have が用いられる構文と対応して）と指摘している。すなわち，with の後にネクサスを成す語句が続くことを示唆している。この句はまず「C を O の状態にして」と直訳して，あとは文脈に沿ったこなれた日本語に訳出すればよい。C の部分には以下のような語類が用いられる。with は省略が可能である。

(1) 形容詞
   a. Don't talk with your mouth *full*.
      （食べ物をほおばって話してはいけません）
   b. The bird went higher in the air and circled again, (with) its wings *motionless*. （鳥はさらに高く舞い上がり，羽根の動きを止めたまま，ふたたび旋回しはじめた）

(2) 副　詞
   a. He passed them rather hurriedly with his head *down*, as if anxious to avoid recognition. （彼は，見破られたくないかのようにうつむいて，かなり急いで彼らのそばを通り過ぎた）
   b. He was walking with no hat *on*.
      （彼は帽子をかぶらずに歩いていた）

(3) 前置詞句[副詞句]
   a. He sat on the bench waiting for me with a pipe *in his mouth*.
      （彼はパイプをくわえ，ベンチに腰かけて私を待っていた）
   b. The dog slunk away with his tail *between his legs*.
      （犬は尻尾を巻いてこそこそと逃げた）

(4) 過去分詞
   a. I had the TV on with the sound *turned* down.
      （音量を小さくしてテレビをつけていた）
   b. She bore the pain with her lips tightly *compressed*.
      （彼女は唇を固く結んで痛みをこらえた）

  c. He fell asleep with his candle *lit*.
   （彼はろうそくをともしたままで眠ってしまった）
(5) 現在分詞
  a. She stood with her hand *shading* her eyes.
   （彼女は額に手をかざして立っていた）
    cf. He managed to go out *without* anyone *knowing* it.
     （彼は誰にも知られずに外へ出られた）
  b. With night *coming* on, we left the park for home.
   （暗くなりかけていたので公園をあとに家路についた）

実際に使われている例を示す。

(6) Drive down the street with all the windows down and the stereo all the way up.（車の窓という窓をぜんぶ下げ，ステレオをがんがん鳴らして街路を走る）

命令文による悪ふざけの例。付帯状況を表す〈with + O + C〉句のCの部分に対照語 down / up を用いた。all the way「全面的に，とことん」up「《副詞》（速度・大きさ・音量・明るさなどが）上がって，増して，強まって」最初の down = along.

(7) Love is like an hourglass, with the heart filling up as the brain empties.   (Jules Renard [www.quotedb.com])
  （恋は砂時計に似ている。胸が（恋心で）一杯になるにつれて，脳みそはからっぽになる）［〈with + O + C〉の C の部分が現在分詞］
(8) Sit = (of an animal) rest with the hind legs bent and the body close to the ground.
  （うずくまる＝（動物が）後足を曲げ，体を地面に伏せた姿勢でいる）
  （辞書の定義）［〈with + O + C〉句の C の部分が過去分詞（bent）と形容詞（close）］

5.4. その他の形式のネクサス

ネクサスの概念を拡大すれば，次のように，準動詞（不定詞・動名詞・分詞）とそれに先行する意味上の主語との関係にも当てはめることができる。

5.4.1. 不定詞の意味上の主語 〈for N to 〜〉

(1) Consumption of alcohol may lead you to believe that ex-lovers are really dying for you to telephone them at four in the morning.
（飲酒すると，以前の恋人たちが午前4時にあなたからの電話を本当に待ちわびていると，あなたに信じ込ませてしまう可能性がある）

実際には逆で，酔ったほうが電話をしたい思いに駆られる。ex-「《接頭辞》前 ..., 元 ... 」be dying「《口》...が欲しくてたまらない；〜したくてたまらない」: e.g. I'*m dying for* a drink [*to* see you].（飲みたくて［君に会いたくて］たまらない）。〈for + N + to 〜〉の形式では，N（人）は to 不定詞の意味上の主語になっており，全体としてネクサスになっている。

(2) Lawmakers made it obligatory for everybody to take at least one bath each week—on Saturday night. (in Vermont)（条例制定者は（住民が）毎週少なくとも1回——土曜日の夜に——入浴することを義務づけている）（バーモント州）

「土曜日の夜に」というのであれば，「少なくとも1回」は削ってくれ，と Vermonters はクレームをつけたいところ。make it C 〈for N to 〜〉「〈N が〜すること〉を C にしている」[VOC] 文型で，it が形式目的語，ネクサスの不定詞句 〈for N to 〜〉が真目的語である。obligatory「義務的な，強制的な」

5.4.2. 動名詞の意味上の主語

(1) Any married man should forget his mistakes — there's no use in two people remembering the same thing.
(結婚している男は誰でも自分の過ちを忘れるべきである。二人の人間が同じ事柄を憶えていても何の役にも立たない)

妻は事あるごとに夫の昔の失敗を蒸し返す。ゆえに，夫までそれを覚えている必用はない。⟨there is no use in ～ing⟩「～するのはむだである」two people [通格 (→ 1.5.) になっている][2] は remembering [動名詞] の意味上の主語。つまり，two people remembering (二人の人間が覚えていること) はネクサスである。

(2) Personally, I rather look forward to a computer program winning the world chess championship. Humanity needs a lesson in humility.

(Richard Dawkins [www.brainyquote.com])
(個人的には，いっそのことコンピュータプログラムが世界チェス選手権を勝ち取るのを期待したい。人間は謙虚さを学ぶ必要がある)

look forward to N ～ing「N が～するのを楽しみに待つ，期待する」N が動名詞の意味上の主語である。言い換えれば ⟨N ～ing⟩ のひと塊りが look forward to の目的語 (＝ネクサス目的語) になっていると解する。humanity「《集合的；単数・複数扱い》人間，人類 (humankind)」

(3) Teacher: Why can't you ever answer any of my questions?

---

[2] 動名詞の意味上の主語は，There is no use your *brother*('s) going. (君の弟が行ってもむだだ) のように (代) 名詞の所有格か通格を用いる。

Pupil: Well, if I could there wouldn't be much point in me being here.

(「私の質問にいつだって一つも答えられないのはなぜなの？」「もし僕に答えることができたら，僕がここにいる意味がないじゃないですか」)

分からないから学校に来ているのです。答えられない生徒は胸を張ってよい。〈there is no point in ～ing〉「～しても意味がない［むだだ］」: e.g. *There's not* much *point in giving* him advice.（彼に忠告してもあまり意味はない）。なお, there wouldn't be much point in me [my] being here において，下線部（= 僕がここにいること）がネクサスであり，me（通格），my（所有格）が動名詞の意味上の主語である。in の目的語は動名詞 being である。my を用いると，やや硬い表現になる。

(4) The probability of a young man meeting a desirable and receptive young female increases by pyramidal progression when he is already in the company of (1) a date, (2) his wife, (3) a better looking and richer male friend.

(一人の青年が，(自分を) 受け入れてくれそうな望ましい若い女性と出会う確率は，自分がすでに (1) デートの相手，(2) 自分の妻，(3) 自分より裕福でハンサムな友人，のうち誰と一緒にいるかによって［直訳: と一緒にいるとき］，ピラミッド形に順次大きくなる)

a young man meeting ... はネクサスで，a young man は meeting (動名詞) の意味上の主語である:「若者が...と出会うこと (の確率)」receptive「受容性のある」in the company of sb (= in sb's company)「(人)と一緒に」when ... の代わりに depending on whether ... (...かどうかによって) とすれば分かりやすくなる。

5.4.3. 分詞の意味上の主語

いわゆる独立分詞構文において，分詞の意味上の主語 (S′) が主文の主語 (S) と異なるとき，[S′ + ～ing] / [S′ + ～en] はネクサスを構成する。

(1) Darkness *coming* on, the children went home.
 (暗くなりかけてきたので子どもたちは家に帰った)
 [darkness が S′ であり，the children が S]
(2) Her mother *falling* sick with a fever, she had to stay there for another week. (母親が熱病にかかったので彼女はもう1週間留まらなければならなかった)
(3) Other conditions *being* equal, this is better than that.
 (他の条件が同じならこちらのほうがよい)
(4) I think his family is doing fine, all things *considered*.
 (すべてを考慮に入れると，彼の家族はりっぱにやっていると思う)
 [all things considered はイディオムとして文頭に置くことも可能]

第6章

名詞・形容詞

　この章では，通常目にすることのない長い名詞句の分析法や，形容詞が主要語（headword）の前にくる場合と後ろにくる場合の意味の微妙な違い，また，少なくとも五とおりに文法解析される述語用法の形容詞の後ろにくる to 不定詞句など，主として語句結合にかかわる事柄を扱う。

6.1. 名詞句チャンク

　一般に名詞句は，〈(前置修飾語句)＋主要語(＝名詞)＋(後置修飾語句)〉で構成されている。その全体をひと塊として捉えて，名詞句チャンクと呼ぶ。長い名詞句チャンクの parsing の方法を探ってみる。

6.1.1. 長い名詞句
　名詞と前置詞が立て続けに出てくる以下のようなものの parsing は，厄介である。

(1) A fat girl went into a cafe and ordered two slices of apple pie with four scoops of ice cream cover with lashings of raspberry sauce and piles of chopped nuts.（太った女の子が

軽食堂に入って行って，アップルパイを 2 切れ注文した。それはスクープで 4 回すくった量のアイスクリームで覆われており，その上には，キイチゴの砂糖煮と細かく刻んだナッツがたっぷり乗っかっていた)

ordered two slices of apple pie「アップルパイを 2 切れ注文した」with four scoops of ice cream cover「アイスクリームスクープで 4 回すくった量のアイスクリームで覆った」: e.g. two *scoops of ice cream*（アイスクリーム 2 盛り）。lashings「《英口》たくさん，たっぷり（の飲食物）〈*of ...*〉」: e.g. strawberries with *lashings of* cream（クリームのたっぷりかかったイチゴ）。raspberry sauce「キイチゴの砂糖煮，ラズベリーソース」piles of ...「多くの量［数］の ...」chopped nuts「細かく刻んだナッツ［木の実］」ordered の目的語は，two slices 〔of apple pie〈with four scoops (of ice cream cover {with [(lashings of) raspberry sauce] and [(piles of) chopped nuts]})〉〕という構造になっている。この構造での主要語は two slices で，これを修飾しているのが形容詞的修飾要素の〔　〕である。そして全体で 1 個の名詞句をなしている。

　名詞のみが羅列されている次の文も厄介である。

(2) You realize you are a nurse when you know the phone numbers of every late night food delivery place in town by heart.（夜更けに出前をしてくれる，町なかのすべての店の電話番号を暗記しているなら，自分が看護師だとつくづく実感する）

次に見るとおり，［every（全部の）late night（夜更けの）food delivery（食べ物の配達）place（所）］の全体が，名詞句として意味の塊（chunk）をなす。by heart「そらで」

6.1.2. 限定詞＋N's X の解釈
　語句の区切り方によって名詞句チャンクの意味が変わる場合 (1)

と，［限定詞＋N's X］の紛らわしい解釈の例 (2)–(5) を挙げる。

(1) an American history teacher
   a. an [American history] teacher（米国史の教師）
   b. an American [history teacher]（アメリカ人の歴史教師）
(2) that stout mayor's wife
   a. that [stout mayor's] wife（かっぷくの良い市長の夫人）
   b. that stout [mayor's wife]（市長の太った夫人）
(3) this pin's head（このピンの頭）
   a. this [pin's head]［○］
   b. [this pin's] head［×］
(4) a good lady's maid
   a. a good [lady's maid]（よい小間使い）［○］
   b. a [good lady]'s maid
       （よい貴婦人が使っている小間使い）［×］
(5) our long journey's end
   a. 長旅の終わり［○］
   b. [long は end を修飾しない]

6.2. 名詞を修飾する形容詞の問題

形容詞には (1) 限定用法（attributive use）と (2) 叙述用法（predicative use）がある。限定用法の場合は，限定形容詞は修飾を受ける語（headword: 主要語）の前に置かれるのが原則であり，後置されるのは特別な意味を伝えたい場合である。

(1) a. Every *available* firefighter rushed to the scene.
       （どの消防士も現場へ急行した）［前置・限定用法］
    b. Every firefighter *available* rushed to the scene.
       （その時出動できる消防士はみな現場へ急行した）
       ［後置・限定用法］

(2) Every firefighter was *available*.
(すべての消防士が動員できた) [叙述用法]

さらに例をあげて説明すると, (1a) の例としては the *visible* stars (本来的に目に見える星) [前置されると内在的・永続的性質を表す] の例があり, (1b) の例としては the stars *visible* ((今)見えている星) [後置されると一時的状態を表し, 叙述用法に似た働きをする] があり, (2) の例としては The stars are *visible*. がある。形容詞によっては, (1) 限定用法 (例: mere, sheer, utter, etc.), あるいは (2) 叙述用法 (例: afraid, alive, alone, etc.) の, どちらか一方にしか用いられないものもある。

6.2.1. 限定用法と叙述用法とで意味が異なる形容詞

たいていの形容詞は限定的にも叙述的にも用いられるが, 用法によって意味を異にする形容詞がある。(1)–(4) の例文は Chalker (1984: §8.15) による。訳文の下線部に注意。

(1) *Certain* people never hesitate over making a decision.
(ある人たちは決定を下すことに全く躊躇しない)
[限定用法 (= some people (contrasted with others))]

(2) People who are *certain* never hesitate over making a decision. (確信のある人は決定を下すことをためらわない)
[叙述用法 (= self-confident, convinced people)]

ただし, certain に修飾語が付されると, self-confident の意味で限定用法に用いることができる。

(3) I admire such very *certain* people.
(そのような自信家には頭が下がる) [限定用法]

限定用法と叙述用法によって意味を異にする形容詞の例をもう一つ挙げる。

(4) Such *particular* people are tiresome.
   a. そのような特別な人間はやっかいだ。
   b. そのような好き嫌いにうるさい人間はやっかいだ。
   [このような意味で用いる particular は, 通例, 叙述の位置]

6.2.2. 両義の [形容詞＋名詞 (人間)]

ある形容詞が人間を表す名詞に付されると, その人物の特徴を表すのではなく, その名称の資格でどのように振る舞うかを述べる, 副詞のような意味合いを持ってくる (Chalker (1984: §8.15))。

(1) He is a big eater.
   a. 食べているあの人は大物だ。[That eater is big.]
   b. 彼は大食漢だ。[He eats a lot.]
(2) She is a good swimmer.
   a. 彼女は優しい泳者だ。[She is kindhearted.]
   b. 彼女は泳ぎが上手だ。[She swims well.]

ほかにも, a good driver [skier, pianist] などがあり, こうした傾向は attributive use のみならず, predicative use に用いられるときにも見られる。

(3) That player is good.
   a. あの選手は親切だ。
   b. あの選手はすぐれたプレーをする。

6.2.3. 形容詞の配列順序

形容詞を複数個用いるとき, だいたい定まった配列の順序がある。次はジョークを紹介するためではなく, その注釈部分で扱われている attaché case の定義文中の複数個の形容詞の配列順を考察するためのものである。

(1) An Aberdonian went into a shop and bought an attaché

case. "Shall I wrap it up for you?" asked the clerk. "Oh, no, thank you," replied Sandy, "just put the paper and string inside."

(アバディーン生まれの人が店に入ってアタッシェケースを買った。「お包みしましょうか」と店員が言った。スコットランド人から答えが返った。「いや，結構です。包装紙とひもは中に入れておいてください」)

Aberdonian＜Aberdeen＝スコットランド北東部の市。attaché case = a small, flat, hard, rectangular case used for carrying business documents（業務用書類を持ち運ぶための平たい長方形の堅牢な小型のケース）。Sandy（《あだ名》スコットランド人）はジョークの世界ではしみったれということになっている。

　上記の attaché case の定義の中で，形容詞が四つ並んで用いられている。複数個の形容詞を並べる際，一般的な順序がある。大体，[数／一般的な性質／大小／形状／新旧／色／模様／材料／国名形容詞／形容詞化した名詞／名詞]となる（一色(1968)，その他）。

　たとえば，his smart light brown military uniform（彼の薄茶色のスマートな軍服）／the three small old-fashioned mossy stone bridges（苔むした古風な三つの小さな石の橋）／two nice large square old brown striped wooden English kitchen tables（茶色い縞模様の入った古いすてきな英国製の四角い木製大型キチンテーブル2脚）となる。ただし，文体上の理由から，一緒に並べる形容詞の数は最大限4語とされている（Blake (1988: 23)）。

NB Allsop (1987: §4.4.2) は次のように説明している。形容詞の配列は一般に，value（評価），size（大小），age（新旧）／temperature（温度），shape（形状），colour（色），origin（出所），material（材料）の順序になる。これら8種類の形容詞の配列順序の記憶の助けとして次の英文を暗記すればよい。太文字の部分がその順序を表している。

Very **s**oon **a** **t**rain **sh**ould **c**ome. [v = value, s = size, a = age, t =

temperature, sh = shape, c = colour, o = origin, m = material]

6.2.4. 句による名詞修飾

英語には，(語をハイフンでつないだ) 次のような修飾表現がある。一色 (1968) からのものを含め，いくつかの例を紹介する。

(1) a. a *once-in-a-lifetime* opportunity （千載一遇のチャンス）
  b. *the-dog-in-the-manger* attitude
    （自己主義に凝り固まった態度）[イソップ物語に由来]
  c. *the man in the store's* pencil （その店の人の鉛筆）
  d. a *reach-for-the-moon* scheme
    （不可能なことをしようとする企み）
  e. an *unknown*, *unheard-of* town
    （聞いたこともない知らない町）
  f. *very well-brought-up* children
    （たいそう育ちのよい子どもたち）

6.3. 述語形容詞の補語

英語の文は動詞の働きによって 5 文型／7 文型に分類される。学校英語でこのことが強調されるあまり，叙述用法で用いられる形容詞のパターンに目が行き届かないことがある。動詞と同じように，形容詞もその後ろにどんな機能語句が続くかによって，三つの型に分類される。述語となる形容詞（あるいは名詞を修飾する後置修飾の形容詞）の後ろには，① to 不定詞句，② 前置詞句，③ 副詞節 [that 節，wh 節] が続いて，形容詞の意味の適用範囲を限定したり，情意や認識の対象を示すなどしたりして，いわば補語の役割を果たしている。以下の諸例（例: Ross is eager）に見るとおり，「be + 形容詞」だけで後続する語句がなければ意味が完結しないので，上記 ①，②，③ を形容詞の補語とみなす十分の理由がある。

6.3.1. 形容詞+to 不定詞句

この型で用いられる形容詞は，主語との意味的な結びつき，たとえば性質・感情・能力・適性・傾向などによっていくつかのグループに分けることができるが，学校で学ぶ基本的な用例を覚えておけば，読書の際に出逢う実際の文の解釈には十分対応できる。われわれの頭脳は，いちいちどのグループに属する用例かを詮索せずにうまく処理してくれるのである。ここでは，〈形容詞＋to 不定詞句〉という同じ形式をとっていても，深層においては異なった構造をしているものがあることを明らかにしたい。以下の分析は Hirst (1987: 148) による。

(1) Ross is *eager* to please.
 (ロスはしきりに人を喜ばせたがっている＝Ross is eager that he pleases someone.) ← Ross be [eager [Ross please △]].

(2) Ross is *ideal* to please.
 (ロスは喜ばせてやるのに格好の人間だ＝Ross is ideal for someone to please him.) ← Ross be [ideal [△ please Ross]].

(3) Ross is *easy* to please.
 (ロスを喜ばせるのは簡単だ＝Pleasing Ross is easy.) ← [△ please Ross] be easy.

(4) Ross is *certain* to please.
 (ロスはきっと人を喜ばせる＝That Ross will please someone is certain. ← [Ross please △] be certain.

(5) Ross was *stupid* to take that job.
 (そんな仕事を引き受けるとはロスは愚かだった)

(6) Ross was *furious* to hear it.
 (それを聞いてロスは激怒した)

(7) Ross is *apt* to catch cold.
 (ロスは風邪をひきやすい)

(2), (3) の不定詞は方面指定の不定詞である。(5), (6) の不定

詞は，学校文法では副詞的用法の不定詞とされているもので，それぞれ理由・原因を表しており，意味上は前の形容詞に直接続かないので，他の例とは異なっている。(7) の be apt to は準助動詞として用いられているとの見方もあり，これも他と区別すべきものである (中島 (1980: 上 107, 下 70))。最後の3例は，Ross 以外の人間(△)が関与していない点でも他の4例と異なる。

上記のように考察すると，次は両義であることが分かる。

(8)　The chicken is *ready* to eat.　　　(Hurford & Heasley (1983))
　　a.　鶏はいまにも餌を食べそうだ。[上記 (1)]
　　b.　鶏肉は食べられるばかりになっている。[上記 (2)]

6.3.2. 形容詞＋前置詞句

「形容詞＋前置詞句 (PP)」の型においては，後に続く前置詞が形容詞ごとに決まっており，その結びつきは個々の形容詞ごとに覚えることが必要である (bent *on*, contrary *to*, dependent *on* [cf. independent *of*], equal *to*, guilty *of*, ignorant *of*, incompatible *with*, indispensable *to*, lacking *in*, peculiar *to*, short *of*, etc.)。同じ形容詞が異なった前置詞を従える場合，その選択は後ろにくる名詞，または (3) のように文の主語 (事物／人間) によって左右される。

(1) a.　He is happy *about* his promotion.
　　　　(彼は昇進を喜んでいる)
　　b.　He is happy *in* his job.
　　　　(彼は仕事が楽しい／満足している)
　　c.　He is happy *over* his success.
　　　　(彼は成功を喜んでいる)
　　d.　He is happy *with* his wife.
　　　　(彼は妻とうまく行っている)　　　　(以上, Blake (1988: 77))
(2) a.　We grew impatient *at* his long talk.
　　　　(彼の長たらしい話にじれったくなった)

  b. He is impatient *for* his test results.
    (彼はテストの結果をしきりに知りたがっている)
  c. He is impatient *of* any criticism.
    (彼はどんな批判にも我慢できない)
  d. He is impatient *with* his employees.
    (彼は使用人にじりじりしている)
(3) a. Your name is familiar *to* me.
    (お名前はかねて承知しております) [=well known to]
  b. I've been familiar *with* him for years.
    (何年も前から彼を知っている) [=having a good knowledge of]
  c. He was as familiar *with* the customs of the trade as anyone else.
    (彼はほかの誰にも劣らずその商習慣について精通していた)

6.3.3.　形容詞＋that 節／wh 節

この型では，that 節の前では前置詞は用いられないが，wh 節では時に用いることがある。

(1) a. I was immediately aware *that* something was wrong.
    (どこかおかしいとすぐさま気づいた)
  b. He was certain (*that*) he would succeed.
    (彼は自分が成功すると信じていた)
(2) a. He was not certain *whether* he would succeed (or not).
    (彼は自分が成功するかどうか確信がなかった)
  b. I am quite aware *how* he feels [*what* I should do].
    (彼がどんな気持ちか[自分が何をなすべきか]私にはよく分かっている)
  c. I'm fully aware *of what* you said that night.
    (あの晩おっしゃったことは十分心にかけております)

6.3.4. 同一の形容詞がとるさまざまな補語の例

扱う数は少ないが，同じ形容詞が叙述用法として用いられ，後ろにさまざまな型の補語を従える例を見てみる。

(1) anxious
   a. She is *anxious about* her father's health.
      （彼女は父親の健康を心配している）
   b. He is *anxious for* our happiness.
      （彼は私たちの幸福を願ってくれている）
   c. We are *anxious to see* the strike settled soon.
      （ストライキがじきに解決するのをぜひ見たいものだ）
   d. We were *anxious that* all should go well.
      （万事うまくいくことを念願していた）
   e. She was *anxious lest* she (should) be left alone.
      （彼女は一人取り残されてしまうのではないかと心配した）

(2) sure
   a. He is *sure to* succeed.
      （彼はきっと成功する）[=I am sure that he will succeed.]
   b. He is *sure of* success.
      （彼は自分の成功を確信している）
   c. He is *sure that* he will succeed. （同上）

NB nice を用いた次の文は to her に関して二様の parsing が可能である (Hirst (1987: 133))。
   (i) He seemed *nice* to her.
       a. 彼は彼女に対して親切だと（私には）思われた。[to her は nice を修飾する (He seemed to act nicely towards her.)]
       b. 彼は親切な人のように彼女には思われた。[to her は seemed を修飾する (He seemed to her to be nice.)]

第 7 章

副　　詞

　副詞は意味的・統語的に興味深い話題を提供する。だが，ほかの章と同じように，この章でも読みに関した少数の，しかし重要な事項にしぼって考える。

7.1.　単純形副詞

(1)　Father:　Doctor, come quick! My girl just swallowed our pocket size TV!
　　　Doctor:　I'll be right over. What are you doing in the meantime?
　　　Father:　I don't know. I guess we'll have to listen to the radio.
　　（「先生，すぐ来てください。娘が小型テレビを飲み込んだんです」「すぐ行きます。その間どうしますか？」「分かりませんが，ラジオを聴くことになると思います」）

I'll be right over.「すぐ行きます」over「《副詞》(話し手の) 所に」: e.g. call a person *over*（人を呼び寄せる）。guess［主に米・カナダ］「《話》(...と) 思う」 come quick = come quickly. 左の quick のように形容詞と同じ形 (= 接尾辞 の '-ly' がない形) で用いられる副詞

を単純形副詞 (flat adverb) という。これは比較的短い文で用いられ，いくぶん感情的・力強い表現として好まれる傾向があるといわれる: e.g. He walked *slow* (slowly). / He answered *right* (rightly). / He slept *quiet* (quietly). ただし動詞の前では flat adverb は使えない: e.g. He slowly [*slow] walked. / He rightly [*right] answered. / He quietly [*quiet] slept. [* 印は非文法的であることを示す]。

7.2. quite / rather / fairly

程度を表す副詞のうちでも上記の三つは特に紛らわしいので，Close (1975: §15.27) の所説からここで整理しておく。*OALD* によれば，意味の強さからいえば rather, quite, fairly の順となる。

7.2.1. quite

quite は，(a) gradable word, つまり，段階的形容詞 (gradable adjective) [比較変化が可能で，very, too などによって修飾することができる形容詞]，段階的副詞，あるいは how much で程度を問題にできる段階的動詞 (gradable verb) の前で用いられると，「かなり (approaching the maximum)，《英》まあまあ (moderately)」の意味となり，(b) 非段階的な (non-gradable) 形容詞・副詞・動詞の前で用いられると，「100 パーセント，全く，完全に」の意味となる。

(1) gradable word の前

   a. Mary is *quite* pretty.

      (メアリーは {とても [pretty に強勢] ／まあ [quite に強勢]} きれいだ)

   b. You have done *quite* well.

      (なかなか上手にやった)

   c. I am *quite* pleased with it.

(それがとても気に入っている)
   d. I *quite* enjoyed myself.
      (まあまあおもしろかった)
      [段階的動詞には, like, complain, hesitate, fail などがある]
(2) non-gradable word の前
   a. You are *quite* right.
      (全く君の言うとおりだ) [＝perfectly]
   b. I feel *quite* exhausted.
      (もうへとへとだ) [＝completely]
   c. I *quite* understand.
      (100パーセント分かります) [＝entirely] [非段階的動詞には, believe, forget, realize, recognize, appreciate などがある]

not quite を用いると, (1), (2) ともに部分否定のような感じになる: I do*n't quite* understand. (100パーセントは分かりかねます)。

7.2.2. rather

好ましい意味の形容詞・副詞が用いられている場合, rather は「とても」の意味である。

(1) a. Bob and I are *rather* good friends.
      (ボブと僕はとても仲がいい)
   b. I know him *rather* well.
      (彼とはかなり懇意である)
   c. I'm *rather* satisfied with your work.
      (君の仕事ぶりには非常に満足している)

好ましくない意味の形容詞・副詞が用いられている場合, rather は, 「いくぶん」という意味である。

(2) a. I'm feeling *rather* depressed.
      (私は少し気が滅入っている)

b. I've done *rather* badly in my exams.
   (試験でちょっとうまくいかなかった)

rather はまた，自分の用いた言葉を訂正するときにも用いる。

(3) The road goes across the river — across the canal, *rather*.
    (道路は川をまたいでいる，いや，運河です) [= I mean]

7.2.3. fairly

fairly は好ましい意味の形容詞・副詞のみに用いるので，7.2.2 節の (2) の例文において，fairly を用いることはできない。また，以下に付した [ ] 内のコメントで分かるように，述部を軽く見るような響きがある。

(1) a. Bob and I are *fairly* good friends.
       (ボブと僕はそこそこ仲がいい) [less than very good を暗示]
    b. I know him *fairly* well.
       (彼のことを少しは知っている) [not very well を暗示]
    c. I'm *fairly* satisfied with your work.
       (君の仕事ぶりにはまあ満足している)
       [It could be better (もっと上手にできるだろうが) を暗示]
       cf. It is *fairly* hot today. (今日はいい暑さだ) [適度] / It is *rather* hot today. (今日は思ったより暑い) [暑さを好ましくないと思っている]

7.3. enough の意味と用法

形容詞・副詞の後に置かれる enough が，後に続く to 不定詞もしくは for 句と相関関係にあるとき，これを ①「相関用法」と呼び，単独で使われるとき，②「独立用法」と呼ぶ。後者の用法では，いつも「十分に」の意味ではないことに注意すべきである。

7.3.1. 相関用法

(1) The girl who thinks no man is good *enough for* her may be right but she is more often left.
(男は誰も自分にはふさわしくないと思っている女の子は正しいかもしれないが,しばしば取り残される)[right vs. left]

to 不定詞や for 句を後に従える enough を相関的程度副詞と呼ぶなら,同様の相関的程度を表す表現は, so ... that / too ... to / as ... as / more [less] ... than などにもみられる。

この ① 相関用法の enough, ② ある種の形容詞,そして ③ not, の三つが共起すると,曖昧な意味になる。その形容詞とは話者の評価を表す lucky, careful, clever, smart, stupid などである。

(2) John was*n't* clever *enough to* leave early.
   a. ジョンが早く発ったのは賢明ではなかった。
      [独立用法の解釈]
   b. ジョンは早立ちするほどよく気が回る男ではなかった。
      [相関用法の解釈]

(2a) においては, enough ... to ～ という相関表現の形をしてはいるが, enough は very, so などと同じく単なる程度の副詞として用いられており, enough は省略も可能であるから to 不定詞と相関関係にはない。to 不定詞は 'John left early' を含意しており,否定の作用はそこまで及んでいない。

それに対し, (2b) においては, enough ... to ～ は相関的程度副詞として働いている。すなわち,否定の作用域は to 補文にまで及び,この否定文は, 'John didn't leave early' を含意していると解釈される(太田 (1983: 452))。

7.3.2. 独立用法
(A) 「必要な程度に,十分に (to the necessary degree)」

(1) a. We didn't leave early *enough*.
   ((間に合うほど) 十分に早く出発しなかった)
   [出発するのが遅れて間に合わなかったことを示唆]

   b. It can be treated if diagnosed early *enough*.
   (十分な早期診断がなされれば治療は可能である)
   ['必要な程度に (=治療に間に合うほどに) 早期に' の意]

   c. If you view your problem closely *enough* you will recognize yourself as part of the problem.
   (自分の問題を仔細に調べれば, 自分がその問題 (責任) の一部であることがはっきりと分かる)

下の (2) の例において, 自動詞の後では enough は副詞とみなされるが, 他動詞の後に目的語や補語が表されないときは, enough は名詞と解される。

(2) a. You look tired. You've worked *enough* for today.
   (君は疲れたように見える。きょうは十分に働いたさ) [副詞]

   b. You've eaten *enough*.
   (君はもう十分に食べた) [名詞=O]

(B) 「まずまず (to an acceptable degree, but not to a very great degree)」

(3) a. He seemed pleasant *enough* to me.
   (彼は私にはまずまず感じのよい人に思えた)
   ['受け入れることができるほどに' の意]

   b. You can't choose your ancestors, but that's fair *enough*. They probably wouldn't have chosen you.
   (自分の先祖を選ぶことはできないが, それは公平なことだ。先祖のほうでも, おそらく, あなたを選んではくれなかっただろう)

   c. "Anyone who can guess how many ducks I have in this sack can have both of them," said Murphy.

"Three," said Ranagan.

"That's near *enough*," said Murphy.

(「この袋に入っているアヒルの数を当てた人には，両方とも上げるよ」「3羽」「近いけど惜しい」)

(3c) では，両人ともに，典型的なアイルランド人。both = [used with plural nouns to mean 'the two' or 'the one as well as the other' (*OALD*)]。下線部が答え。

(C) 「これ以上は耐えられないほどに (to a degree that you do not wish to get any greater)」

(4) a. I hope my new job's safe. Life is hard *enough* as it is.
    (今度の仕事は危なげのないものであってほしい。生活はいまのままでも苦しいのです)
    ['いま以上の限度を超えてほしくないほどに' の意]

   b. Life's difficult *enough* without you interfering all the time.
    (君がしょっちゅう邪魔してこなくても暮らしは苦しいのだ)

NB 副詞 too にも相関用法と独立用法がある。[too = in a higher degree than is allowable, required, etc.]
  (i) John was*n't too* clever *to* leave early.
    a. ジョンが早く発ったのは賢明ではなかった。[too ... to ～ という相関用法の形式をとっているが独立用法の解釈 (→ 7.3.1.)]
    b. ジョンは早立ちするほどよく気が回る男ではなかった。[相関用法の解釈]
  (ii) It's *too* hot *for* work [*too* hot *to* work].
    (暑すぎて仕事にならない) [相関用法]
 以下は独立用法。
  (iii) a. The exam was not *too* difficult.
      (試験はそんなに難しくなかった) [= not very difficult]
     b. They gave me two *too* many.

(彼らは僕に二つ余計にくれた)

c. If I was as much *too* in debt as he is, I'd stay out of sight for a while. (僕が彼と同じくらい借金をしすぎていたら、しばらく身を隠すことだろう)

too が enough と似た振る舞いをするのは、wide enough = not too narrow / too narrow = not wide enough に見られるように、意味的な対応が見られることによるのかもしれない。

7.4. 焦点化副詞 only

焦点 (focus) とは、当該の発話の状況において、最も重要な、あるいは際立った情報のことである。焦点のありかを示すためにさまざまな言語的手段を用いる。たとえば、(i) 強調アクセント、(ii) 語順、(iii) 焦点化副詞 (only, even, also, etc.)、(iv) 焦点構文 (It is ... that) などである。

7.4.1. 作用域と焦点

焦点化副詞 (focusing adverb) と呼ばれる only は、通常本動詞の前に置かれ、主語、また only の後に続くいずれの語・句・節 (これらは only の作用域 (scope) の中にあるという) をも焦点にすることができる。話し言葉では、焦点にされる要素はふつう、強勢を伴う。次のやりとりを見てみよう。

(1) A: How is business going?
    B: I'm looking for a new cashier.
    A: But you only hired a new one last week.
    B: Yes, that's the one I'm looking for.
    (「商売はどうだね?」「新しいレジ係を探しているところさ」「先週雇ったばかりじゃないか」「そう、そいつを探しているんだ」)

3 行目 A から抽出した "You only hired a new cashier last

week." は，少なくとも以下の四とおりに解される。[ ] の中が only の焦点になっている。

(2) a. あなたが先週雇ったのは新米のレジ係だけだった。
 [a new cashier]
 b. あなたが新入りのレジ係を雇ったのはつい先週だった。
 [last week]
 c. あなたは先週新米のレジ係を雇っただけだった。
 (他の従業員の仕事量を減らす何かほかの措置を講じるなどということはなかった。) [hired ... week]
 d. 先週新入りのレジ係を雇ったのはあなただけだった。
 [You]

 上のジョークの場合，3行目が「あなたは新入りのレジ係を先週雇ったばかりではないか」という (2b) の意味になるのは，文脈によって定まることなのである。

NB 特定を表す不定冠詞

 上掲ジョークの，2行目の文で用いられている不定冠詞の，「不定」の文字に惑わされないことが必要である。不定冠詞 (a, an) は可算名詞につけて，(a) 話者にも聞き手にもどれと特定できない人・物など指す場合と，(b) 聞き手には分からないが，話者には分かっているある特定の人・物などを指す場合がある。本例は特定を表す (b) の用法である。2行目で B は，売上金を持ち逃げした雇ったばかりのレジ係を念頭に置いて，言っているのである。

 (i) Excuse me, I'm looking for *a* doctor.
  a. 医者を探しているんですが。
  b. ある医者を探しているんですが。

(a) はどの医者でもよい (=不特定)。(b) では，話者の念頭にあるのは特定の医師であり，(b) のことばの後に，たとえば，「先生のお名前は ... というんです」などが付け加えられるかもしれない。特定の医者であるのに，上の英文で 'the doctor' と定冠詞を用いていないのは，聞き手との間でどの医師かが同定 (identify) されていないからである。

焦点化副詞 only が用いられている例をいくつか挙げる。

(3) You realize you are a nurse if you can *only* tell time with a 24 hour clock. (24 時間刻みの時計でなければ何時か分からないなら、自分が看護師だとつくづく悟る)

この例では、副詞句の with 句が only の焦点になっている。

(4) In prison you get three meals a day. At work you *only* get a break for one meal and you have to pay for that one yourself. (刑務所では、日に 3 度の食事にありつける。職場では、1 度の食事のための休憩があるだけで、しかもその食事は自腹を切らなければならない)

break「(仕事の合間の) 休憩」pay for ...「... の支払いをする」oneself「人の助けを借りないで、独力で (by oneself)」only の焦点は 'a break for one meal'。

(5) "This is a very noisy district you live in, Pete!"
"Sure and that's exactly the way it is. We only get any peace at all when the heavier trucks drown out the noise." (「君が住んでいるこのあたりは騒音がひどいね、ピート」「全くそうなんだ。ともかく静かになるのは、大型のトラックが騒音を消してくれるときだけだ」)

that's exactly the way it is「実情はまさにそのとおりだ (that's exactly how the situation is)」cf. *the way* things are (実情)。at all「ともかくも」第 2 文の only の焦点は when 節で、"If we get any peace at all, it is *only when* the heavier trucks drown out the noise." (かりそめにも静寂が得られるとすれば ... ときだけだ) に近い。非断定的 (non-assertive) な環境 (= 疑問文・否定文など) で生じる any が 2 行目で用いられているのは、only が否定を含意するからである: e.g. *Only* John has *any* interest in playing soccer. (サッ

カーに興味を持っているのはジョンだけだ[しかいない])。なお，最後の文のような滑稽なことばの矛盾のことを Irish bull という。

7.4.2. only 以外の焦点化副詞

only 以外にも，例外的な事柄を強調する even や，追加を強調する also のような焦点化副詞がある。[1] 以下では also を代表に，Chalker (1984: §9.21) の解説を基に意味解釈を行う。

(1) Tom *also* asked Nancy for 100 dollars.
   a. トムはナンシーにも 100 ドルを無心した。
      [also の焦点は Nancy (= He asked Nancy as well as other people.)]
   b. トムはナンシーにそれらに加え 100 ドルをも無心した。
      [also の焦点は 100 dollars (= He asked her for other things too.)]
   c. トムはナンシーに 100 ドルを無心することもした。
      [also の焦点は asked Nancy for 100 dollars (= He did that in addition to other things.)]
   d. トムもナンシーに 100 ドルを無心した。
      [also の焦点は Tom (= Tom as well as others)]

上述したとおり，話し言葉では focus を受ける語句に強勢を付すことによって曖昧性を解消できる。書き言葉では副詞の位置を移動することも一つの方法だが，焦点化副詞にとって mid-position はお好みの場所なのである。それでも，たいていは文脈により曖昧さを生じることはない。

---

[1] 3語の的確なパラフレーズを比較されたい: only = that and nothing else; even = that in addition to everything else; also = in addition to what has been mentioned already. (Close (1981: §367))

7.5. 焦点化副詞 not

否定辞 not は,ふつう,文の否定に用いられるが,否定の作用域の中のある特定の語句に焦点を当て,その語句だけを否定することがある。次の発話,

(1) Tom did*n't* drink three bottles of beer.
(トムはビール瓶3本は飲まなかった)

に接すると,聞き手は,didn't drink という表現があるからといって,「(飲まずに) 注ぎだした」,「放り投げた」などという裏読みはしない。聞き手が問題にするのはビール瓶3本という数量であり,飲んだ事実を否定する解釈はとらない。上の文は通常,文否定と言っているが,否定しているのは実際には three bottles of beer であると言ってよい。not は文中の修飾語句を焦点としてそれを否定する傾向があるのである。

否定の作用域は,主語を含め文尾までである (下の (6) で詳述)。このとき否定される語句を否定の焦点といい,not を否定の焦点化副詞と呼ぶ。ただし,作用域を問題にするとき,数量詞や頻度の副詞と not が共起すると,意味解釈がきわめて複雑になる (詳しい論考は太田 (1983) を参照)。たとえば,頻度の副詞 always は not の作用域の中に入り,usually や often は not をその作用域内に取り込む。例を挙げる。

(2) High quality and cheap prices *do not usually* go together.
(品質のよさと価格の安さとはふつう両立しない)
[usually は not の右側にあるがその作用を受けない。斜字体部分を *usually do not* とすることも,usually を文頭に持っていくことも可能なので,usually は not よりも作用域が広いことが分かる]

(3) High quality and cheap prices *do not always* go together.
(品質のよさと価格の安さとは必ずしも両立しない) [always は not

の作用域の中にある；文頭で用いると異なった意味になる]

(4) a. He's *not* still working.

(彼は今もまだ勉強しているわけではない)

[He has stopped working.]

b. He's still *not* working.

(彼はまだ勉強を始めていない)

[He has not started working yet.]

still (いまだに (= even now as formally)) という副詞は「ある時点まで継続していて未完了」の意味であるが，(4a) の still working は not の否定作用を受けて行為・状態の継続が停止されたことを示しており，(4b) の not working は still の作用域の中にあって，否定的な状況 (not working) が継続していることを表している。

(5)　I did*n't* take Joan to swim in the pool today.

一般に文の焦点は，文尾もしくは文尾の近くにあるので，(5) は「私は今日ジョーンをプールでの水泳に連れて行かなかった」の意味である。だが，特別の状況では否定の焦点が移動し，それに応じて意味も異なってくるはずである。先に，否定辞 not の作用域は主語を含め文尾までであると言ったが，べた塗りの否定ではない。焦点部分より前の作用域の中に肯定の不連続域ができるのである。以下の例文では，not の作用を受ける部分を斜字体で示し，焦点となる強勢が置かれる語に下線を付し，not の作用域に生じる肯定の不連続域を（　）の中に入れて示す。例文と [　] 内の意味解釈は Quirk et al. (1985) による (§10.65)。

(6) a. I did*n't take Joan to swim in the <u>pool</u> today*.

(私は今日ジョーンをプールでの水泳に連れて行くことはしなかった) [忘れた] [もしくは，相手のことば，"You took Joan to swim in the pool today." に対する反駁として (筆者の追加)]

b. I did*n't* (*take*) <u>*Joan*</u> to swim in the pool today.

(私が今日プールでの泳ぎに連れて行ったのはジョーンではなかった)[メアリーを]

c. I did*n't* (*take Joan*) *to swim* in the pool today.
(私が今日ジョーンをプールに連れて行ったのは泳ぐためではなかった)[プールをただ見るために]

d. I did*n't* (*take Joan to swim*) *in the pool* today.
(私が今日ジョーンを水泳に連れて行ったのはプールではなかった)[浜辺に連れて行った]

e. I did*n't* (*take Joan to swim in the pool*) *today*.
(私がジョーンをプールでの水泳に連れて行ったのは今日ではなかった)[先週だった]

f. *I* (*did*)*n't* take Joan to swim in the pool today.
(今日ジョーンをプールでの水泳に連れて行ったのは私ではなかった)[私の弟が連れて行った]

発話の場合の (6b-f) の音調は，下降上昇調になる。

(7) A woman went to a sweet store to buy some sweets. The boy behind the counter said, "Gosh, you're ugly aren't you? I've never seen anyone so hideous as you before."

"Young man," she replied. "I didn't come here to be insulted."

"Really?" he said, "where do you usually go?"

(女がキャンディーを買いにお菓子屋へ行った。カウンター奥の少年が言った。「ひぇー，ひどい顔ですね。そちらさんほどひどい顔をした人は今まで見たことがない」「あんた，ここへ来たのは侮辱されるためではないわよ」「ほんと？ ふつうはどこの店に行くの？」)

behind the counter「カウンターの奥の」Gosh「おやまあ，うっそー」hideous「ひどく醜い，ぞっとする」cf. *I've never* met a person *so* hospitable *as* he.（彼ほどもてなしのよい人間に会ったことがない）

"I didn't come here to be insulted" に対し，"Then, why did you come here?" としたのではジョークにならない。店員は婦人の抗議のことばの焦点をずらした。当該の文の not の焦点は下の (8a) のように，普通は to be insulted であるが，店員の少年はこれを既知情報（＝婦人はどこの店でも侮辱されている）とみなし，焦点を here に置いて婦人客をコケにした。焦点構文（斜字体部分が焦点）で書き表すと，次のようになる。

(8) a. It isn't *to be insulted* that I came here.
    （この店に来たのは侮辱されるためではない）
    ［婦人の意図した意味］
  b. It isn't *here* that I came to be insulted.
    （侮辱されるために来たのはこの店ではない）
    ［店員が故意に曲解した意味］

7.6. 導入の there

いわゆる 'there 存在文' で用いる there のことであるが，本節では，〈There is N ～ing〉の構文を中心に，there の意味と機能について考える。また，there を形式主語と見ることができる理由として，there と be 動詞（または助動詞）の語順を入れ替えて疑問文を作ることができる点を挙げることができるが，そのほかに there を形式主語と見なせる理由について考えてみる。

7.6.1. There is N ～ing

(1) A: Waiter, there is a dead fly swimming in my soup!
  B: Don't be silly, dead flies can't swim.
  （「スープの中に死んだハエが浮いているぞ」「そんなばかな。死んだ

ハエは泳げません」)

新情報を担う不定の主語を文頭において，いきなり "N is ~ing" というのは唐突である。〈There is N ~ing〉は，その唐突さを避けるための言い方である。この there は辞書によって副詞，代名詞などと語類の扱いが異なるが，形式的な主語として文頭に置かれ，抽象的な場所としての「意識」を意味し，聞き手の意識を新情報である不定の真主語 N に導く働きがあるものと考えられる（安井 (1996)）。さまざまな呼称があり，「導入の 'there' (introductory *there*)」，「先行の 'there' (anticipatory *there*)」，「予備の 'there' (preparatory *there*)」などと呼ばれる：e.g. *There was* a breeze *stirring* the trees. (そよ風が木をかすかに揺り動かしていた) / *There is* a page *missing*. (1ページ抜けている)。

上で there は形式的な主語であるとしたが，そのことは次の例によっても分かる。

(2) a. I'd like *there* to be an arbor in the garden.
        (庭にあずまやがあってくれるといいんだが)
        [これは there を形式主語とする '*There is* an arbor in the garden.' の全体を like の目的語として埋め込んだ形のもの（疑似ネクサス目的語）である]

(2a) を，there の代わりに you を用いた同じ構文 (2b) と比較してもらいたい。

(2) b. I'd like *you* to be very quiet today, boys and girls.
        (皆さん，今日は静粛にしてください)
        [you は to be の意味上の主語; like の目的語は you ではない]

(3) I don't want *there* to be any misunderstanding.
     (誤解がないことを望む) [(2a) と同じ parsing をする]

(4) He was disappointed at *there* being so little to do.
     (彼はほとんどすることがないのでがっかりした)

[cf. He was disappointed at *his son* failing in the exam. (彼は息子が試験に失敗してがっかりした) では，his son が動名詞 failing の意味上の主語であるのに対し，(4) では there は動名詞 being の形式上の主語である]

7.6.2. 存在構文に助動詞が用いられる例：〈there＋助動詞＋be〉

(1) There *can* be no cause for complaint.
(不満の元などあろうはずはない)
(2) There *can* be no winners in a nuclear-arms race.
(核兵器の競争には勝者はありえない)
(3) There *may* well be as many methods as there are teachers. (教師の数だけ教授法があるのももっともなことだ)
(4) There *must* be another approach of some kind.
(ある種の別の取り組み方があるはずだ)［must は話者指向用法］
(5) There *must* be no relaxation of effort.
(努力をゆるめてはならない)［must は主語指向用法］(→ 13.6.2.)
(6) There *used to* be a rich herring fishery in these waters.
(昔はこの海域にはニシンがたくさんとれる漁場があった)
(7) *Could* there be life on that planet?
(あの惑星に生命は存在しうるだろうか)
(8) There *should* be an apostrophe after [before] this "s."
(この s の後［前］にアポストロフィがあるべきだ)

7.7. 命令を表す〈副詞＋with O〉

　命令・勧告などを表す見出しの形式で用いられる前置詞 with は，「対象（…に対して）」の意味を表し，用いられる副詞は，「方向」を表す副詞で強勢が置かれる。この形式の命令文は人間にも事物にも適用できる。

(1) a. *Away with* it.（それを取りのけろ，やめてしまえ）
　　b. *Away with* poverty.（貧困をなくせ）
　　c. *Away with* him to prison!（やつを豚箱に放り込め！）
(2) a. *Down with* the tyrant!（暴君を倒せ）
　　b. *Down with* your rifles.（銃を捨てよ）
　　c. *Down with* your money.（金を出せ）
(3) 　*In with* you.（中へ入れ）
(4) a. *Off with* you!（とっとと行ってしまえ）
　　b. *Off with* him!（やつを追い出せ）
　　c. *Off with his head!*（首をはねろ！）
　　d. *Off with* those muddy boots!
　　　（その泥んこのブーツを脱げ）
(5) 　*On with* your coat.（コートを着なさい）
　　　cf. *On with* the show.（ショーを始めろ［続けろ］）
(6) a. *Out with* him.（やつを追い出せ）
　　b. *Out with* you!（とっとと出て行くんだ）
　　c. Come on, *out with* it.（さあ，（洗いざらい）白状しろ）
　　　[out with it =《略式》a command to make something known immediately, without missing any details（事柄の詳細な点を細大漏らさず直ちに明らかにせよとの命令）]
　　　cf. *To hell with* that talk.（そんな話はまっぴらだ）
(7) a. *Up with* you.（起きろ，乗るんだ）
　　b. *Up with* the workers!（労働者よ，奮起せよ）
　　c. *Up with* the President!（大統領に賛成だ）

第 8 章

前　置　詞

　本章では，前置詞が動詞と結びついて句動詞を作る場合と副詞が結びついて句動詞を作る場合との意味上また統語上の違い，動詞・名詞・形容詞と特定の前置詞との親和性，前置詞が小動詞といわれる理由等について考察してみる。

8.1. 前置詞か副詞か

　前置詞は形が単純で数も少ない。名詞か代名詞の前に置かれて，形容詞句あるいは副詞句を作るのが基本的な用法である。ただし，以下のものは副詞としても用いられる。

　　about, above, across, after, along, before, below, by, down, in, off, on, over, round, through, under, up, etc.
　　［これに対し，at, for, from, into, till, with などはもっぱら前置詞として用いられる］

　上に挙げた語が前置詞として用いられる場合と，副詞として用いられる場合とでは，意味が異なる。その数例を示す。

(1)　I asked him to stop *by* next week.
　　a.　彼に来週までには（活動を）やめるように頼んだ。［前置詞］

    b. 彼に来週私の家に立ち寄るように頼んだ。
　　　　［副詞: stop by = 句動詞］
(2) They sent the requisition *over* a week ago.
    a. 彼らは要請書を1週間以上も前に送付した。［前置詞］
    b. 彼らは要請書を1週間前に送付した。
　　　　［副詞: send over = 句動詞］
(3) The wind blew *down* the chimney.
    a. 風は煙突を吹き下りた。［前置詞］
    b. 風は煙突を吹き倒した。［副詞: blow down = 句動詞］

　(3a) は blew に強勢があり，'blew violently down the chimney' のように副詞が割って入ることが可能であるのに対し，(3b) は down に強勢があり，'blew the chimney down / blew it down' というふうに語順を変えることが可能である。ということは，down が (a), (b) において統語的に異なった種類の構成要素になっていると考えなければならないことを意味する。(1b) の by, (2b) の over は強勢を受ける。(3b) の場合，動詞の作用が後ろの NP（名詞句）に及んでいることが分かる。

8.2. 不変化詞および句動詞

　同じ語，たとえば down を，目的語をとるときには前置詞，目的語をとらないときには副詞，というふうに名称を使いわけるのは，動詞が目的語をとってもとらなくても動詞という一つの名称を用いることと整合しない。目的語をとる場合もとらない場合も，動詞が語形変化をするのに対し，上記の語類は語形変化をしないために，(接続詞，間投詞などを含めて) 不変化詞 (particle) と名付けられた。上記の語を不変化詞として扱う場合，文中の働きに応じて，たとえば「down の前置詞的用法」，「down の副詞的用法」などと呼んで差し支えない。

before を例に挙げてみよう。

(1) a. The prisoner appeared *before* the court.
   (囚人が法廷に現れた)［不変化詞の前置詞用法: 場所］
   b. Some people put personal happiness *before* all else.
   (自分の幸福を何よりも第一に置く人もいる)
   ［不変化詞の前置詞用法: 順位］
   c. I had met him five years *before*.
   (その5年前に彼に会ったことがあった)
   ［副詞用法；不変化詞が目的語をとらない用法］
   d. You must persevere *before* you can succeed.
   (忍耐しなければ成功はできない)
   ［接続詞用法；不変化詞が節を目的語にとる用法］

ただし、上記の見方は文法理論としては理屈が通っていても、構文解析をする際にいちいち「不変化詞 before の〇〇用法」とするのは煩雑であるし実際的でもない。辞書の記載どおり、前置詞、副詞、接続詞などとして別の語類扱いにするほうが学習者のためには望ましいといえる。

不変化詞の重要な働きは、動詞と密接に結びついていわゆる句動詞 (phrasal verb) を形成することである。[1] 基本動詞との結び付きおよびその意味を、イディオムとして覚える努力が必要である。形式としては、① 動詞 + 前置詞 (come across, look after, laugh at, do without, etc.)、② 動詞 + 副詞、③ 動詞 + 副詞 + 前置詞があるが、① は 8.4.1 節で扱う予定であり、② はすでに扱ったので (8.1 節)、③ について、異なった動詞を用いた同一パターンの例を示す。

---

[1] Allsop (1987: §11.6) には、上記の particles を横軸に、break, come, get, go, look, turn などの基本動詞 32 語を縦軸に置き、その交差する所で有意なイディオムが形成されるかどうかを示した一覧表が載っている。

(2) a. He put on speed to *catch up with* the car ahead.
   (彼は前の車に追いつこうと加速した)
   [= to succeed in reaching]

   b. As yet we have not *come up with* an explanation for it.
   (今のところまだ,それに対する説明は見つかっていない)
   [= to bring forth, discover, or produce]

   c. The increase in wages was barely enough to *keep up with* inflation. (賃金の上昇もインフレにはほとんど追いつけないほどだった) [= to remain abreast of something]

   d. I can't *put up with* her rudeness any longer.
   (彼女の無礼にはもうこれ以上我慢できない)
   [= to bear patiently]

   e. His son has *taken up with* some very rough boys.
   (彼の息子はひどく粗暴なやつらと親しくなった)
   [= to become friendly with (sb, often undesirable) (*LDPV*)
   ((多くの場合,好ましくない人物)と仲良くなる)]

8.3. 群前置詞

複数個の語が集まって 1 個の前置詞としての機能をもつ群前置詞 (group preposition) がある。以下はなじみのあるものばかりである。

along with, apart from =《米》aside from (に加えて,は別として), out of, on to, from among, from behind, as to, as for, because of, according to, owing to, thanks to, by means of, by way of (...を経由して,として,のつもりで等),
in accordance with, in addition to, in case of, in front of, instead of, in spite of, with regard to, with respect to, etc.

⟨from behind ... (...の後ろから)⟩ の場合，前置詞句 (behind + 名詞) が from の目的語になっていると考えると分かりやすい。⟨from among ...⟩ も同様の考え方ができる。

8.4. 前置詞の選択

8.4.1. 動詞＋前置詞

見出しの形式は句動詞を作る。これらは他動詞に相当するが，(2) に見るように，すべてが受動態になるわけではない。

(1) agree *on* a price for the car（車の価格で同意する），agree *to* the terms of payment（支払い条件を受け入れる），agree *with* sb / the facts（人と意見が一致する／事実と符合する）// consist *in*（に存する），consist *of*（から成る），consist *with*（と両立する）// inquire *after* sb（人の安否を尋ねる），inquire *for* sb（人に面会を求める），inquire *into* the case（事件の調査をする），inquire *of* sb *about* sth（人に...について尋ねる）// succeed *in*（に成功する），succeed *to*（の後を継ぐ）［その他 care [about, for]; deal [in, with]; interfere [in, with]; look [after, at, for, into, on]; part [from, with]; proceed [with, to]; wait [for, on], etc.］

(2) a. *This map *was come across* in an old bookstore.
　　［cf. I *came across* this map in ....（古本屋で偶然見つけた）］
　b. *Your health *was looked after*.
　　［cf. They *looked after* your health.（彼らは君が元気かどうか尋ねてきた）］

NB 次を比較されたい。
(i) She is *known to* the local community *as* an eccentric.
（彼女はその土地の人々には変人で通っている）
(ii) A man is *known by* the company he keeps.

　　　　(《諺》人は交わる友だちによって分かる)
(iii)　She is *known for* her radical viewpoint.
　　　　(彼女は過激な見解で有名である)
(iv)　This is the strongest compound *known to* science.
　　　　(これは科学界に知られているもっとも強力な化合物だ)
(v)　He is *known under* his pen name of Mark Twain.
　　　　(彼はマーク・トウェインというペンネームで知られている)

8.4.2. 動詞に固有の前置詞

　他方，類似の意味を持つ異なった動詞が，それぞれ固有の前置詞を従えることも知っておく必要がある。

> help sb *to do* [= assist sb *in doing*] (人が～するのを助ける); forbid sb *to do* [= prohibit sb *from doing*] (人が～するのを禁じる); accuse sb *of* sth [= charge sb *with* sth] (ある事の理由で人を告発する，非難する); inform sb *of* sth [= acquaint sb *with* sth] (人にある事を知らせる); trust *in* sb [= rely *on* sb] (人を信頼する), etc.

8.4.3. 名詞・形容詞と前置詞の親和性 (affinity)

　また動詞に限らず，ある名詞や形容詞に好んで結びつく前置詞がある。

> tired *of* (に飽きて) / tired *with* (で疲れて) // demand *for* higher wages (賃上げ要求) / the demands *of* the US government *on* Japan (日本に対するアメリカ政府の要求) // a strong dependence *on* Australia *for* raw materials (原材料をオーストラリアに大きく依存すること) cf. dependent *on* the contributions of the public (公衆の寄付に頼って), independent *of* one's parents (親のやっかいにならないで) [最後は形容詞同士が反意語の例]

8.4.4. 古典語由来の動詞・形容詞と前置詞

英語の動詞・形容詞の中には，ギリシャ語・ラテン語に由来するものがある。それらのうち接頭辞を有する語が前置詞を伴うとき，その接頭辞と同じ意味を表す前置詞が選ばれる傾向がある。

> adhere to [L. ad = to] / communicate with [L. com = with] / discourage sb from ～ing [L. dis = away from] / absent from [L. ab = from] / different from [L. de = from] / exempt from (を免除されて) [L. ex, e = from, out of] / sympathize with [Gk sym = with]
> (Close (1981: §340))

8.5. 前置詞の多義性

前置詞は多義であるため，誤解を生じさせ，結果として笑いを生じさせる。

(1) A: Is it proper to eat a hamburger with your fingers?
    B: No, you should eat your fingers separately!
    (「ハンバーガーを指で食べるのは行儀のよいことか？」「いや，指は（ハンバーガーとは）別にして食べるべきだ」)

第1話者は前置詞 with を「手段」(指を使って) の意味で用いた。第2話者はそれを故意に「随伴」(指と一緒に) の意味にとってからかっている。

(2) Crossword Fan: I've been trying to think of a word for two weeks!
    Friend: How about a fortnight?
    (「(クロスワードパズルの愛好家) この2週間やっているんだが，どうしても単語が思いつかない」「2週間というのはどうだい？」)

for two weeks が両義である。broacher (話を切り出す人) は，for

two weeks を副詞句として使い「2週間（考えだそうと…）」という意味で用いた。respondent（応答者）は，for two weeks を形容詞句と捉えて a word for two weeks をひと塊（chunk）にし，「two weeks に相当する言葉」という意味に解釈して「a fortnight（= two weeks）ではどうか」と提案した。前置詞 for の多義性を利用。

(3) You might be a redneck if they accuse you of lying through your teeth.（人さまから白々しい嘘をつくやつだと非難されるなら，ひょっとして自分は赤首かもしれない）

lie through one's teeth「〈慣用〉《口語》白々しいうそをつく／〈字義〉歯のすき間からうそをつく」: e.g. She was *lying through* her *teeth* when she told me she didn't know you.（君のことを知らないと彼女が言ったのは，しらじらしいうそだった）。レッドネック（→3.1.）の特徴の一つは歯が抜けているか，歯並びが悪いことである。イディオム読みにしたのでは理解できない。字義読みとの二重読みをすべきである。

NB 異なった状況が，同じ表現で表されることがある。
  (i) He walked *in front of* me.（彼は私の前方を歩いた）
   a. 彼も私も歩いていた。[in front of me = ahead of me]
   b. 私は停止していて，その前を彼が歩いた。
(i) は (a), (b) という二つの異なった状況に当てはまる。文の解釈は，文脈が決めるものであることを教えてくれる例である。

8.6. 前置詞＝小動詞

前置詞は目的語をとるため，小動詞と呼ばれる。そのため，日本語訳では動詞表現にして前置詞の意味を明確にすることが多い。Oscar Wilde の短編 *The Happy Prince* に，"'Tonight I go to Egypt,' said the Swallow, and he was in high spirits *at* the prospect."（「…」とツバメは言った。ツバメはその見込みを前にして元気一

杯だった）という一文がある。at the prospect を「その見込みで」と訳してもかまわないが，ひと工夫して下線部のように訳すことも可能である。以下，いくつか例を挙げる。

(1) Everybody wept *at* the news.
（その知らせを聞いて誰もかれも泣いた）
(2) What is he *after*?（何を求めているのか）
(3) Both his arms were *around* the pillow.
（彼の両腕はその枕を抱えていた）
(4) Some pupils go home *for* lunch.
（昼食を食べに家へ行く生徒もいる）
(5) *In* a few minutes the bus came.
（2, 3分すると，バスが来た）
(6) The nurse waved me *into* the room.
（看護士は手を振って部屋に入るように合図した）
(7) We talked *over* tea [lunch].
（お茶を飲みながら［食事をしながら］話をした）
(8) I live just *round* the corner.
（ちょっと角を曲がったところに住んでいる）
(9) They danced *to* the music.（彼らは音楽に合わせて踊った）
(10) He hummed *under* his breath, then spoke in a whisper.
（彼は声をひそめてフムフムと言っていたが，やがて小声で言った）
(11) *With* these words he went out of the room.
（こう言って彼は部屋を出ていった）
(12) Then the servant led me *through* a passage into a room *with* a fire, where she left me alone.

(Charlotte Brontë: *Jane Eyre*)

（そこで女中は廊下を通って炉火のある部屋へ案内し，そこに私を一人残して出て行った）

前置詞はみな比較的つづりが短い。しかし1語の意味は，次に

見るように，重い。

(13) Warning: Consumption of alcohol may lead you to think people are laughing WITH you. (Label on bottle)
(警告：飲酒すると，人々はあなたと<u>一緒になって</u>笑っているのだと信じ込む可能性があります)（瓶のラベル）

前置詞 with は，協力・協調・同意・賛成・支持といったニュアンスを伝えるので安心するかもしれないが，それが落とし穴。人々は，実際には，あなたをあざ笑っているのである (people are laughing AT you)。

動詞から派生したと思われる次のような分詞前置詞は，前置詞＝小動詞という見方をするのが比較的容易である。

excepting, excluding (... を除いて); considering (... を思えば); concerning, regarding, respecting (... に関して); failing, wanting (... がなくては); following (... に引き続いて); given (... が与えられると); including (... を含めて)

8.7. be all about

「関連」を表す前置詞 about を含む下記の成句は，近年ようやく成句として認められ，一部の英和辞典に載るようになった。all は「もっぱら」という意味の副詞に解するのが妥当であろう。

8.7.1. A is all about B

見出しは，「A にとって B は最も大切だ；A が問題にしているのはもっぱら B だ」というような意味である。

(1) Life is *all about* how to die.
(人生とはつまるところどう死ぬかだ)
(2) A strong relationship is *all about* mutual trust and shared

values.（強い絆とは相互の信頼と価値の共有ということに尽きる）
(3) This website is *all about* snow crystals and snowflakes.
（このウェブサイトが問題にしているのはもっぱら雪の結晶と雪片である）
(4) This business is *all about* being seen, and the more people see you the better. (Debra Wilson [www.searchquotes.com])
（この商売は見てもらうことが最も大切なことで、見る人が多ければ多いほど、喜ばしいのです）［芸能人のことば］

8.7.2. what S is all about
　見出しは、what が関係詞の場合は「S（人・物・事）について最も大切なこと、S の意義、S が目指していること、S がもっぱら問題にしていること」というような意味であり、what が疑問詞の場合は「S が何を大切に［問題に］しているか」というような意味である。

(1) Winning is *what* baseball *is all about*.
（勝つことが野球にとって何より大切なことだ）［関係詞］
(2) How to die is *what* life is *all about*.
（人生は死に方がすべてだ）［関係詞］
(3) To me it's really great because that's *what* it's *all about*, trying to push the limits.
（私にとっては、それ（前例のない曲作り）は本当に素晴らしいことです。それこそ曲作りの目指すところですから、つまり限界に挑もうとすることです）[push the limits「限界に挑む」]［関係詞］
(4) This book gives the reader an idea of *what* the Bible *is all about*. （本書は、聖書には一体どんな事柄が書かれているのか、そのおおよそのところを読者に伝えている）
(5) But they do want to know *what* life is *all about* and what the future holds for them. （しかし彼らは、人生とは一体何なの

か，自分たちの将来には何があるのかを，本当に知りたがっている）

(6) When I was born, I was almost fourteen years old. That's why I was able to understand more easily than most *what* it was *all about*.

(Eugene Ionesco [www.notable-quotes.com])

（私が生まれたときには，もう 14 歳に近かった。そういうわけで，人生がいったいどういうものなのかをほかの者たちよりもよく分かったのだ）

(7) Your children will see *what* you're *all about* by what you live rather than what you say.

(Wayne Dyer [www.quotations book.com])

（子供は親の言うことよりも，むしろ生活で何を実践しているかによって，親が何を最も大切にしているかを見てとるものだ）

第 9 章

接 続 詞

　原則として，従属接続詞は名詞節か副詞節を導き，関係詞は形容詞節を導く。どちらも節頭に置かれて従属節を導く点では似ている。関係詞は次章に譲り，この章では，特殊な意味を持つ if 節や，見逃されがちな接続詞の用法，また一般に時を表すと理解されている接続詞 as の意味や，and と or の共起についても再検討する。

9.1. if 節のふしぎ

　副詞節で用いられる if は，叙想法（仮定法）の条件節で用いられることが多いため，「もしも」という意味だと早飲み込みされやすい。if はほかにも，以下に示すように，やや複雑な意味で用いられることがある。

9.1.1. 修辞条件の if 節

(1) *If* she doesn't get first prize, she's no daughter of yours.
　　（彼女が1等にならないなら，君の娘ではないということだ）
　　[= She certainly will get first prize.（必ず1等賞を取るよ）]

(2) *If* Roger's younger than me, *I'll eat my hat.*
　　（ロジャーのほうが僕より若いなら僕の首をやる）

[= Roger's certainly not younger than me. (ロジャーは絶対に僕より若くはない)。最後の斜字体部は，*I'm a Dutchman* ともいう]

(3) *I'll be* [*I'm*] *damned if* I apologize.
(僕が謝罪するなら呪われるだろう)
[= I'll certainly not apologize. (絶対に謝らないぞ)]

Quirk et al. (1985: §15.37) は，上の例で用いられている if を修辞条件節 (rhetorical conditional clause) を導く接続詞と呼び，話者が強い主張をするための方策だとしている。(2), (3) の斜字体部分はイディオムとして定着している。cf. She's *nothing if not* tough. (たくましくなければ彼女はつまらぬ人間だ→たくましさだけが彼女の取り柄だ) [イディオムとしてよく用いられる]。

修辞条件はほかにも「もし...が本当なら...ということになる」という意味で広く使われている。

(4) *If* you don't see what you're looking for, you've come to the right place. (Optometrist) (探しているものが見えないのであれば，うってつけの場所にきたことになります) [optometrist (視力検定者，検眼士) の店の張り紙。one-liner である]

(5) *If* you can read this, my wife fell off. (On the sticker of the back of a motorcycle) (これが読めれば，妻が落ちたということです) (バイクの後部のステッカー) [バイクの後部座席 (pillion seat) のところに奥さんが乗っていれば，この文字は隠れて見えないはず]

NB when にも同様の用法がある。
  (i) *When* I make a mistake, I am an idiot. *When* my boss makes a mistake, he's only human.
  (私が間違いを犯すと大ばか者であり，上司が間違いを犯すと彼もただの人間なのだ (から，となる))
  (ii) *When* I am a day off sick, I am always sick. *When* my boss is a day off sick, he must be very ill.
  (私が病気で1日休むと病気ばかりしている (と言われ)，上司が病気

で1日休むと相当具合が悪いにちがいない（ということになる））

上の2例のように，比較の文脈で用いられるのであれば，（　）内の補完的な意味は，日本語の場合と同じように脳がきちんと理解してくれるようである。日本語では，「... なら ... だ」という同じ表現形式をとっても，その意味は文脈によって違うものになることは，次の例によって分かる。

(iii) a. 「君がウサギなら，僕はカメ（のようなもの）だ」[比較の文脈]
  b. 「君がうどん（にする）なら，僕はソバだ」[選択の文脈]
  c. 「君が三振なら，僕は残塁だ」[因果関係（条件―帰結）]

9.1.2. 非因果関係を表す if

副詞節としての if 節は，通常，因果関係を表す。

(1) *If* you heat ice, it turns to water.

  （氷は熱すれば水になる）[turns の代わりに will turn も可]

これに対し，非因果関係を表す if 節というものがある。その例をいくつか示す。

(2) *If* you are hungry, there's something to eat in the fridge.

  （もしお腹が空いているのなら，冷蔵庫に何か食べるものがありますよ）（ジーニアス大）

(3) *If* you don't know, I won't be in town tomorrow.

  （君が知らないのなら教えておきますが，私は明日は町にいません）

(4) She is resigning, *if* you know what I mean.

           （Quirk et al. (1985: §15.38)）

  （彼女は退職する予定です，私の言っている意味がお分かりでしょう）[肩叩きにあったという意味ですよ]

直近の三つの例文では，従属節（if 節）と主節の間に因果関係は見られない。if 節は，主節の内容を述べる根拠や主節に対する注釈を示すという機能を果たしている。

9.2. 時を表す接続詞

9.2.1. 接続詞に転用される名詞

「瞬間」という意味を表す名詞(句)が,接続詞として用いられることがある。

(1) *The moment* I had done it, I knew I had made a mistake.
 (やり終えるとすぐに間違いをしたことに気づいた)
(2) The item you had your eye on *the minute* you walk in will be taken by the person in front of you. (足を踏み入れた瞬間に買おうと目をつけた品は,自分の目の前にいる人に持って行かれるものだ) [have one's eye on ...「...に目をつける」the minute [moment] (that) ...「《接続詞的》...する瞬間,するや否や」]
(3) In the plane they begin to serve drinks *the instant* you drop off and you miss them.
 (機内では,うとうとしかけた途端に飲み物を配り始め,自分はもらい損なう) [they は機内乗務員を漠然と表す]

上記の例のほか,接続詞として用いられる名詞または名詞句には,while, the way, each time, every time, the first time, the last time (最後に...したとき), next time, last time (この前...したとき) などがある。

9.2.2. when 節

① when 節は,見過ごされやすいことだが,直前の名詞句を修飾する形容詞節として用いられることがある。

(1) Contraction is the action or state of an object *when* it becomes smaller. (収縮とは物体が以前よりも小さくなるときの動きや状態のことである)
(2) Who has not seen the scholar's thin-lipped smile *when* he

corrects a misquotation and the connoisseur's pained look *when* someone praises a picture he does not care for?

(W. S. Maugham, *The Summing Up*)

(学者が他人の間違った引用を訂正するときの薄笑いとか,美術品鑑定家が歯牙にもかけない絵を誰かがほめそやすときのその不愉快そうな表情を見たことのない者はいるだろうか)[教養は人格の陶冶のためであって,誇るためのものではないという主張に続く文]

(3) Feedback: The inevitable result *when* your baby doesn't appreciate the strained carrots. (フィードバック:濾し取ったニンジンのありがたみが赤ん坊に分からない時の必然的な帰結)

(3)は,口に入れられた物を赤ん坊が口から押し出すこと,または,赤ん坊が口から押し出したものを母親がもう一度食べさせようとする行為。feedback は,押し戻して食べさせるという響きがある。feedback「(受け手の側からの)反応 (= (information about) the results of a set of actions, passed back to the person (or machine) in charge, so that change can be made if necessary (*LDCE*)(必要なら変更を加えるため,担当者(あるいは機械装置)に送り返される一式の動き[働き]の成果(についての情報))」問題の when 節は result を修飾する形容詞節である。

② 先行文から読み下す when 節がある。特に 〈was [were] ~ing〉, 〈was [were] ready to ~〉, 〈was [were] about to ~〉 に続くときで,以下の例にみるように,先行文で示されている動作が中断する (→ 1.3.4.) ことを表す。

(4) A farmer was showing a schoolboy round his farm when they came to a field where the farmer's sheep were grazing. 'How many sheep do you reckon there are?' asked the farmer proudly.

'Seven hundred and sixty four,' replied the boy after a few seconds.

The farmer gasped. 'That's exactly right, boy. How did you count them so quickly?'

'Simple,' said the boy genius, 'I just counted the legs and divided by four.'

(農夫が男子生徒に農場を案内していた。すると羊が草を食んでいる牧草地にやってきた。農夫は誇らしげに尋ねた。「羊は何頭いると思うかね？」少年は数秒おいてこたえた。「764頭です」農夫は息がとまった。「まったくそのとおり。どうやってそんなにすばやく数えたの？」「簡単なことです。脚の数を数えて4で割っただけです」)

show sb around ...「人に...を案内する」⟨was 〜ing when ...⟩「〜していた，すると ...」先行文から読み下す。sheep は単複同形。reckon「(数えて) (...と) 判断する [結論づける]」2行目以下 How many sheep ...? の文構造は，How many sheep do you *think* there are?（羊が何頭いると思うか）と同じ。gasp「(驚きなどで) 息が止まる」

(5) A boy at a swimming pool climbed up to the high diving board. He paused, lifted his arms, and was about to dive when the attendant came running up, shouting, 'Don't dive — there's no water in that pool!'

'That's OK,' said the boy. 'I can't swim.'

(プールで男の子が高い所にある飛び込み台に上った。一息入れ，両腕を上げ，まさに飛び込もうとしたそのとき，係員が叫びながら走ってきた。「飛び込んじゃだめだ。プールには水が入っていないぞ！」「かまいませんよ。僕泳げないですから」)

up to ...「...まで」diving board「飛び込み台」pause「一息入れる；ためらう」⟨was about to 〜 when ...⟩「まさに〜しようとした，とそのとき ...」と読み下す。up「《副詞》(話し手・話題になっている [場所／時] に向かって) 近づいて」

上述のような when を関係副詞の非制限用法ととる見方もある。

9.2.3. before 節

時を表す before 節の中において，述語動詞に could が用いられている場合，その節の主語の行為が実現しなかったことを暗示することが多い。

(1) He got round the corner *before* he *could* be spotted.
 (彼は姿を見られないうちに角を曲がってしまった)

(2) I was hurried into signing the contract *before* I *could* properly read it. ((内容を) ちゃんと読むことができないうちにせかされて契約書にサインしてしまった)

(3) *Before* I *could* stop myself, I started slipping down the slope to the stream. (踏みとどまろうとする間もなく下の小川に向かってその坂をずるずるとすべり落ちはじめた)
 cf. It was some time [a long time] *before* he *could* speak. (よほどたって，初めて彼は口がきけるようになった) [he の行為は実現] / He came *before* I had done my work. (彼は私がまだ仕事をなし終えないうちにやってきた) [実現・非実現については不明]

〈before ... can ~〉は「~するためには」というニュアンスで使われることが多い。

(4) The new model needs more testing *before* we *can* put it on the market. (活大辞) (そのニューモデルを市場に出すためにはもっとテストをする必要がある)

9.3. 接続詞 as 再考

「時」を表す接続詞 as は，when, while よりも同時性が強いとさ

れている。まずその定義を，二つの英語辞典 (A), (B) から示す。

   (A)   used to indicate that something happens <u>during the time</u> when something else is taking place
        (なにか別のことが起きている間にあることが生じることを示すために用いる)
   (B)   at time that: used to indicate that something happens <u>at the same time</u> as something else
        (「…のときに」: あることがほかのことと同時に生じることを示すために用いられる)　　　　　[(A), (B) とも下線は筆者]

(A) は例文として，次の2例 (1), (2) を挙げている。

(1)   *As* she grew older she kept more to herself.
     (年齢を重ねるにつれ，彼女は他人といっそう交わらなくなった)
(2)   Frank watched him *as* he ambled through the crowd.

母語話者には何でもないことだが，英語学習者にとって (2) は，次の二つの解釈のうちどの意味かで迷ってしまう。

(2) a.   フランクは人ごみの中をぶらぶら歩きながら彼を監視した。[Frank = he ≠ him]
    b.   フランクは人ごみの中をぶらぶら歩いている彼を監視した。[Frank ≠ he = him]

どちらの解釈も正しいが，as は後述するように，(2b) の解釈で読む傾向がかなり強い。であるなら，Frank を Mary に置き換えた文 [= Mary watched him *as* he ambled through the crowd. (メアリーは人ごみの中をぶらぶら歩いている彼を監視した)] を例文として載せたほうが，学習者に誤解を与えないので，親切といえるだろう。
　一方，(B) は上記の定義の例文として (3) を載せている。

(3)   A woman stands near the water's edge *as* two large gold-

en retrievers frolic in the river.
(大型のゴールデン・レトリーバーが2頭川の中を遊び戯れるなか,女が一人水際に立っている)

上記の2種類の定義の下線部を比較したとき,例文 (3) はむしろ (A) の例文として使いたいところである。反対に,(2b) と下記 (4)-(10) の as に関する限り,(A) の定義よりも (B) のほうの定義にいっそうよく当てはまるように思われる。Thomson and Martinet (1988: §331) は,'as' は parallel actions/development (同時進行の行為/展開) を表すと説明している。as 節の中では運動を示す動詞が用いられる,と親切な注をつけた小型辞典もある。しかし残念ながら,両者とも載せられている例文は,いまひとつ物足りない。

日本人にとって難しいこのような as 節の感覚をつかむ方法がある。それは,as の後ろにくる代名詞と同一人[物]を表すいわば「先行(代)名詞」を as の前に見つけ,as 節がその先行(代)名詞 (= referent) を修飾しているかのように捉えることである。

(4) He sat watching her *as* she got ready.　　　　　　　(*OALD*)
(彼は身じたくを整えている彼女を座ったまま眺めていた)
[彼は座ったまま身じたくを整えている彼女を眺めていた,という日本語は曖昧]

(5) Every boy in our form was watching Mr. C and Mrs. P *as* they came walking down the line towards us.
(Roald Dahl, *Boy — Tales of Childhood*)
(同学年のみんなが,生徒の列に沿って僕たちのほうへ歩いてくる C 先生と P 夫人をじっと見ていた)

(6) We entered the shop. She stood behind the counter, and her small malignant pig-eyes watched us suspiciously *as* we came forward.　　　　　　　　　　　　　　　　　(ibid.)
(僕たちは店の中に入って行った。彼女はカウンターの向こうに立っ

ていて，悪意に満ちた小さな目で，カウンターに近づいて行く僕たちを胡散臭そうに見ていた）

(7) Some people think that the black and white markings dazzle the lions *as* they attack, making the hunters miss their prey *as* they pounce.

(Desmond Morris, *The World of Animals*)

（白と黒の縞模様は，シマウマを襲うときのライオンの目をくらませ，その猛獣が飛びかかる獲物を捕え損なうようにさせているのだ，と考える人たちもいる）

(8) The water still trickled down and she received the drops *as* they fell into her hands. （水は相変わらずしたたり落ちた，そして彼女は落ちてくるしずくを手に受けた）

(9) "Raining like the very [*his eye catches Judith's as she looks quickly and haughtily up*]—I beg your parden; but …." （「雨のやつ［彼の目はジュディスの急に傲然と上を向く目を見てとり］—これは失礼, …」）(G. B. Shaw, *The Devil's Disciple*; 中島 (1956: 252))［脚本のト書きは現在時制で書かれる］

次の英文は，初歩の物理の本の中で，音は物が動くことによって生じることを説明した後，簡単な実験をすすめる箇所に載せられていたものである。

(10) Place a ruler on the edge of a table, and hold it firmly. Pull down the end of the ruler and let it go. Listen carefully to the pitch of the sound it makes, *as* it vibrates. (David Chrystal et al., *Enjoy Science*)

（テーブルの端に物差しを置きしっかりと押さえよ。物差しの（テーブルからはみ出た部分の）端を押し下げ，パッと放せ。振動する物差しが発する音の高低に注意深く耳を傾けてみよ）［最後の部分を「それが振動するとき」と訳しても間違いではないが，同時性を表すにはまだるっこい感じがする。同時性を表すには最後の comma

も不要だろう]

　上記の諸例をよく観察してみると，この as は，「as 節の主語 S′（＝代名詞）の動き（の一瞬の相）を捉えて，主節内にある S′ の同一指示物（＝先行（代）名詞）を限定する形容詞節を導く関係副詞」と捉えてよいようである。

9.4. and と or

　等位接続詞の and と or が共起するとき，複数の読みが生じるので注意が肝要である。たとえば，fish の定義，

　　"Fish = catch or try to catch fish, typically by using a net *or* hook *and* line"

の中に見られる 'net or hook and line' ⟨A or B and C⟩ の読みは，(a) ⟨[A or B] + [C]⟩，または (b) ⟨[A] or [B + C]⟩ の二とおりある。本例は (b) の読みである。つまり，「釣り針」と「釣り糸」とは一体不可分のものという捉え方である。したがって，不定冠詞 'a' は，or を挟んで net と並列関係にある語群（＝'hook and line'）にも作用しているので，a hook and line（針のついた釣り糸）という読み方をしなければならない。[二つのものが一体として示される例: a cup *and* saucer（受け皿に載せた茶碗），a statesman *and* poet（政治家で詩人）など]。ちなみに，定義文の意味は「漁をする＝一般的には，網，あるいは針のついた釣り糸，を用いて魚を獲るもしくは獲ろうとする」である。

　商業文や契約書で，また辞書の定義によく用いられる定形句に，上と似た表現 ⟨A and/or B⟩ がある。*COD* によれば，and/or = formula allowing reader to take either or both of two expressions（二つの表現のうちのいずれか一方，あるいは両方を含めて解釈してよい定型表現）であるから，A and/or B は，二者択一ではなく，

[A and B] or [A] or [B] の三者択一ということになる。発音は，[ǽndɔː(r)] である。

(1) Contributions in money *and/or* garments are welcome.
    (金銭および衣類，またはそのいずれかの寄付を歓迎します)
(2) Announce = to say sth in a loud *and/or* serious way.

(*OALD*)

(宣言する＝大声で，あるいは真剣に，または大声かつ真剣に，あることを伝える)

NB and/or は困る，両者をはっきり分けてほしいと望む読者のために。
  (i) Men are not good or bad; they are good and bad.
      (男は良いか悪いか (の話) ではない。男は全くのワルなのだ)
good and [gúdn と発音]「《口》とても，非常に」: e.g. He was *good and* drunk. (彼はすっかり酔っ払っていた)。

第 10 章

関係詞節

　本章では,連鎖関係詞節 (concatenated relative clause) と二重制限 (double restriction) との違い,形式主語［形式目的語］が内在する関係詞節,関係代名詞が節内で補語になる例などを中心に扱う。文の正確な意味が分かるとは,文構造を正確に理解できていることの証拠なので,英語学習者としては上のような文法用語も,少なくとも日本語では覚えておきたい。

　以下の節では,特に区別する必要がない限り,関係代名詞と関係副詞をまとめて関係詞と呼び,またいずれかが含まれる節を,関係詞節 (relative clause) と呼ぶことにする。

10.1. 先行詞と関係詞節内の数の呼応

(1)　T:　I hope you're not one of those pupils who spends all day on the Net and doesn't get any exercise.
　　　S:　Oh, no, miss, I often sit around watching TV and not getting exercise either.
　　　(「君は,1日中インターネットで時間を過ごし,運動を全くしないような生徒ではないでしょうね」「はい,先生。僕は,たいていのんびり座ってテレビを見てますが,かといって運動はしません」)

spend A on B「A を B に費やす」the Net = the Internet. get exercise「運動をする」: e.g. You should try to *get* more *exercise*. (もっと運動をするようにしなさい)。sit around「のんびり座っている」: e.g. I can't *sit around* all day; I've got work to do. (一日中ぼうっとしてはいられない，やるべき仕事があるんです)。この生徒，パソコンでなくテレビならいいだろう，というわけである。

NB 1 上の教師が用いた表現〈one of those Ns who V〉(例の V するタイプの Ns の一人) で，V の語形（単数か複数か）がしばしば問題になる。結論をいえばどちらも可能である。one が先行詞の場合は関係詞節の V の数は単数であり，Ns が先行詞の場合は V は複数ということになる。本例の場合は (spends [3・単・現] の形から類推できるように) one が先行詞になっている。

  (i) a. He is one of those *actors* who *speak* their lines perfectly, but can't act. (彼はせりふは完璧に言えるが演技がなっていないというタイプの俳優だ) [複数]
   b. She is *one* of those people who *is* incapable of taking advice. (彼女は人の忠告に従えないタイプの人間だ) [単数]

このように，文中のある語に応じて他の語の性・数・人称などが定まることを呼応 (concord) という。

NB 2 肯定文の後ろで用いる not ... either

上の (1) のジョークの中の，生徒のせりふに付した日本語訳に注目してほしい。'... (and) not ... either' は肯定文の後ろにきて，前言を反復・修正するために追加したものであり，「... と言っても (... ではない)」という意味になる。

  (i) He is very clever *and* is *not* proud *either*.
      (彼はとても頭がいいが，だからといって高慢ではない)

次の節で連鎖関係詞節を扱うが，予備知識として，章の冒頭で用いた concatenate の意味を知っておくことが望ましい。この語の起源はラテン語 (*con-* 'together' + *catena-* 'chain') で，結合して一つのものにまとめる，という意味である。

10.2. 連鎖関係詞節と二重制限

10.2.1. 連鎖関係詞節

(1) 'Mum,' yelled Johnny from the kitchen, 'you know that dish you were always worried that I would break?'
'Yes dear, what about it?'
'Well your worries are over.'
(「母ちゃん，僕が割るだろうと母ちゃんがいつも心配していたあのお皿のこと知ってるでしょう？」とジョニーが台所から大声で言う。「ええ，ぼうや，それがどうかしたの」「もう心配しなくていいよ」)

案の定割ってしまったので，もうこれから心配しなくて済む。yell「叫ぶ，わめく」連鎖関係詞節を含む名詞句チャンク 'that dish you were always worried that I would break' の構造を考える。以下の説明では，dish = N で表す。

(2) a. You know that dish.
（母ちゃんはそのお皿を知っている）［単文］
b. You were always worried that I would break the dish.
（母ちゃんは僕がそのお皿を割るだろうといつも心配していた）
［複文＝主節＋従属節］

単文 (2a) の中の N と，(2b) の従属節の中にある N が同一物を表しており，関係代名詞を用いて (2a, b) を一文にする際，(2b) の N は関係代名詞 (which) となり主節を飛び越えて (2a) の N と結びつく [→ You know that dish which you were always worried that I would break.]。このようにして形成される形容詞節を連鎖関係詞節 (concatenated relative clause) と呼ぶ。関係代名詞 which は break の目的語なので省略できる [＝原文]。ついでながら接続詞 that も省略できる。連鎖関係詞節が用いられている文は，その節内にあるもう一つの節 [SV] を挿入節とみなすと，案外分かりやす

い: that dish [(you were always worried) that I would break]。ただし，これはあくまで便法である。主節が「挿入」されるというのは理に合わないからである。以下に，関係詞が節内でさまざまな要素・機能を果たしている連鎖関係詞節の parsing を示す。

① 関係代名詞が従属節内で O になっている例

(3) Give the secret stash of dirty magazines *that* he thinks you don't know about to his younger brother, who he hates.
（あなたは知らないだろうと高をくくっている彼のいかがわしい秘蔵雑誌を，彼の嫌っている弟にくれてやりなさい）

夫に対する嫌がらせを勧めていることば。stash「しまった [隠した] もの，隠匿物」magazines [that (he thinks) you don't know about]（あなたは知らないだろうと彼が思っている雑誌）。関係代名詞 that は about の目的語。who = whom [hates の目的語なので，文法的には whom が正しいが，節頭の位置ではしばしば who が用いられる]。

(4) Celebrity: One who is known by many people he is glad he doesn't know. （著名人：ありがたいことに自分の知らない大勢の人から知られている人）

many people [(whom) (he is glad) he doesn't know] では，[ ] 内が連鎖関係詞節。関係詞 whom は know の目的語なので省略されている。

② 関係代名詞が従属節内で S になっている例

(5) She has an adopted child *who* she says was an orphan.
（彼女には，彼女の話では以前孤児だった養子がいる）
[an adopted child [who (she says) was an orphan] の ( ) を便宜的に挿入節とみなす]

(6) You are encouraged to choose those approaches *that* you

intuitively feel will work best. (いちばん効果がありそうだと直観的に思えるような前述の提案を選ばれるようお勧めします)

[[that (you intuitively feel) will work best] と分析する]

(7) I asked for something ∧ I knew *could* not be provided.
(私は初めからない (← 提供不可能) と分かっているものを注文した)

(8) Her heart, incapable of reason, made her continue on a course ∧ she knew *was* fatal.
(彼女の心はものの道理を受け付けなくなっていて、命取りになると自分でも分かっている道を突き進んだ)

NB 最後の2例に見るように、このような用法の関係詞は、特にI know が用いられている場合、しばしば省略される。しかし、省略されるというのは説明のための便法であって、本来は、ある語句が文中において二つの機能を果たしている共有構文 (apo koinou [< Gk 'in common']) といわれるものである。古期英語から存在する構文であるから「省略」というのは当たらない。口語でふつうに用いられる。共有構文の例をいくつか挙げる。

(i) There's a man at the door *wants* to see you.
(戸口に男の人が会いにきています) [a man は is の主語であると同時に wants の主語となっている]

(ii) It's Simon *did* it. (それをしたのはサイモンだ)

(iii) It's your system *makes* such children.
(子供があんなになるのはあなたのやり方のせいです) [your system は is の補語であると同時に makes の主語になっている]

③ 関係副詞が連鎖関係詞節を形成する例

(9) Teacher: In what part of the world are the people most ignorant?
Pupil: Hong Kong.
Teacher: Why do you say that?
Pupil: That's *where* the atlas says the population is most

dense.

(「人間がいちばん無知なのは地球のどこ？」「香港です」「どうしてそう言えるの？」「香港は，地図帳では住民が最も愚鈍だと書かれている場所です」)

the population「(一定地域の) 全住民，市民」dense「頭の鈍い／密集した，人口の稠密な」の両義: cf. The sign *says* "Danger."（その標識に「危険」と書いてある）。atlas「地図帳，図表集」: cf. map ((一枚の) 地図)。最後の文は the atlas says the population is most dense there の there (副詞) が where (関係副詞) となって節頭に移動したもので，That's (the place) [where (the atlas says) the population is most dense] のように先行詞を補って解釈する。

④ 複雑な形式の連鎖関係詞節

関係代名詞が関係詞節内で，S, O, C のいずれかになることは構文解析 (parsing) の基本中の基本である (→ 10.4.)。加えて O の場合は，述語動詞だけではなく，不定詞の O になることもある。理解が困難なのは，関係代名詞が，形式主語構文あるいは形式目的語構文の中の，不定詞の O として用いられている場合である。次の3例は，関係代名詞が形式主語構文 [It is ... (for N) to ～] 内の不定詞の目的語になっている例である。

(10) There he had an estate *which it* was necessary *to* visit from time to time.
(そこには，時折見回らねばならない彼の地所があった)

関係代名詞 which は形式主語構文内の不定詞 (to visit) の目的語であると同時に，その構文を先行詞 (an estate) と結びつける役目をしている。an estate ← it was necessary to visit *the estate* from time to time の斜字体部分が，'←' の代わりに関係代名詞の which として入り込む。

(11) Advice: The one thing *which it* is more blessed *to* give than receive.
(助言：受けるよりは与えるほうが楽しい唯一のもの)

関係詞節の中で it が形式主語として用いられている。which は不定詞 (to give/receive) の目的語。blessed「幸せな／楽しい」"It is more blessed to give than to receive."（受けるよりは与えるほうが幸いである；《聖書》使徒行伝 20：35）をもじったもの。

(12) I have some papers here *which* I really think *it* would be worth your while *to* glance over. (ここに書類がありますが，ご一覧願うだけの価値は確かにあると思います)

glance over「…にざっと目を通す」この関係詞節は，形式主語構文 [It is ... to ~] の形をとっており，その中に，以下の（ ）で示した見なしの挿入節が入った連鎖関係詞節である。some papers ← [(I really think) *it* would be worth your while *to* glance over] を想定し，'←' を glance over の目的語である which と考えれば，'←' が先行詞と関係詞節を結び付けているというふうに理解できる。

その他，some worthless things *which it* is necessary *to* destroy（破棄する必要のある無用のもの）／ a mathematical problem *which it* is impossible *to* solve（解くのが不可能な数学の問題）／ the program *which it* is my duty *to* arrange（務めとして私が準備する計画表）など，用例は多い。

上記の例とは異なり，関係代名詞が，形式目的語構文 [find it ... to ~] 内の不定詞の目的語となって先行詞に結びつく形のものもある。

(13) Your marriage with her would be a thing *that* your father would find *it* impossible *to* countenance.
(彼女との結婚は君の父君が受け入れることのできない事柄だろう)

(吉川 (1952))

関係代名詞 that は，形式目的語構文 [find it ... to 〜] 内の不定詞 (to countenance (黙認する)) の目的語であると同時に，その構文を先行詞 (a thing) に接続させる役目を果たしている。

10.2.2. 二重制限（関係詞節）

上述の連鎖関係詞節としばしば混同されるものに，関係詞節が連続して生じる二重制限 (double restriction) がある。

(1) Sometimes when I listen to the music I feel there is nothing *that* man is capable of *that* I cannot do.
（時々その音楽を聴くと，人間にできることで自分にできないことは何もないのだという気持ちになる）

(2) You are the only person I have met *who* could do it.
（僕が会った人でそれができそうなのは君だけだ）

二重制限の場合は，二つの関係詞節は対等に先行詞を修飾しているのではない。2番目の関係詞節は，「先行詞＋第1関係詞節」全体を先行詞としている。すなわち，{the only person [I have met]} who could do it と分析し，[who 節] の先行詞は { } 全体（の中の person）と捉えなければならない。

(3) I would appreciate any solution you can come up with *that* would resolve this problem. （この問題の解決になりそうな案を何なりとご提案いただければありがたく存じます）

(4) The only rock I know *that* stays steady, the only institution I know *that* works is the family.
（私が知っている唯一のぐらつかない岩，私が知っている唯一機能を果たす制度，それは家庭である）

上は，"[The only rock (I know)] that stays steady, [the only

institution (I know)] that works" と分析し, 下線部は, その前の名詞を修飾する二重制限。これを The only rock [that (I know) stays steady], the only institution [that (I know) works] (ぐらつかないことが分かっている唯一の岩, 機能を果たすことが分かっている唯一の制度) とすれば, [ ] 内は連鎖関係詞節である。

次例は, 先行詞を含んだ関係代名詞 (what) を先行詞とする二重制限の例といえる。

(5) Housework: What the wife does *that* nobody notices until she doesn't do it. (家事: 主婦がしていることで彼女がそれをしなくなるまで誰も気づかない事柄)

10.3. 関係副詞 where は副詞か

(1) Black holes are *where* God divided by zero.
(ブラックホールとは, 神が 0 (ゼロ) で除した空間のことだ)

ゼロで除すれば, 全能の神にふさわしく, 無限大となる。文中の where は先行詞を含む関係副詞で, ふつう where = the place where と説明されている。しかし, (関係)副詞は, 通常, 動詞の目的語にはならないので, 上掲例の関係副詞 where は divided の目的語とはみなせない。であるのに, 上文が不自然に聞こえないのは, where = the place where ではなく, where = the place that [that は関係代名詞なので divided の目的語になれる] と解釈しているからであろう。そう考えてよい根拠がある。次の 2 文, (a) He had *nowhere* to go. (どこへも行く所がなかった) / (b) He had *no place* to go. (どこへも行く所がなかった) を比べると, nowhere = no place なのだから, nowhere は名詞とみなせる。また, *Where* was he (at)? (彼はどこにいたのか) は, 前置詞の有無によって where の品詞が異なり, parsing (where を副詞ととるか名詞ととるかの解釈) に揺

れが生じることからも，冒頭の where は名詞的色彩の濃いものであることが分かる。辞書に区分されている品詞は，単語に固有のものではなく，文中で使用されているときの機能によって決まる，と考えるべきであろう。

10.4. 関係代名詞・関係副詞・接続詞の違い

　関係代名詞は関係詞節の中で S, O, C のいずれかの役割を果たしている。このことが，関係副詞また接続詞との決定的な違いなので，銘記しておきたい。以下の例文で，関係詞節を [ ] で囲み，その中で関係代名詞が果たしている役割を考えてみる。

(1) Nothing can replace a mother's love. This is the point [*that* merits emphasis]. (母の愛に代わりうるものはない。そのことは強調する価値のある点だ)

[ ] 内の文型は [SVO] で，関係代名詞の that は S になっている (merits の主語)。

(2) Nothing can replace a mother's love. That is the point [*that* I would elucidate for you]. (母の愛に代わりうるものはない。それが読者にはっきりさせたい私の論点だ)

[ ] 内の文型は [SVO] で，関係代名詞の that は O になっている (elucidate の目的語)。

(3) He is not the bright fellow [(*that*) he used to be].
　　(彼は以前の快活な男ではなくなった)

[ ] 内の文型は [SVC] で，関係代名詞の that は C になっている (be の補語)。

　C として用いられる関係代名詞は，先行詞が人間でも that を用いる。また，関係詞節内で補語になっている関係代名詞はその先行

詞も主節の補語であることが多い((4a, c, d))。この用法の文例は見つけにくいので，いくつかまとめて挙げておく。

(4) a. This is the best dictionary (*that*) there is in the library.
（これは図書館にある最良の辞書だ）
   b. He behaved like the brave soldier (*that*) he always was.
（さすがに彼だ，勇敢な武士のように振る舞った）
   c. She was exactly the same person *that* she had been at his first sight of her.
（彼女は，彼が初めて彼女を見たときのままの人間だった）
   d. He was not the fine gentleman (*that*) I thought he was.
（彼は私が思ったほどのりっぱな紳士ではなかった）
   e. The author explains alcoholism for the disease it is and tells kids how to deal with drinking parents. （著者はアルコール中毒をまぎれもない病気であると説明し，子供たちに酒飲みの親との付き合い方を教えている）[= the disease (*that*) it is]
（例文の多くは井上(編) (1967) より）

以上で関係代名詞を見た。(2)-(4) の用法で用いられる that は省略するのが普通である (→ 10.6.)。

これらに対し，次の [ ] の中の where と that は，それぞれその節の中でどのような働きをしているだろうか。

(5) They took up the discussion at the point [*where* they had broken off]. （中断していたところから再びその議論を始めた）

(5) では，where は at which [= 副詞句] に書き換えることができる。このように，where は [ ] 内で副詞的修飾の働きをしながら [ ] 節を先行詞の point に関係づけているということで，関係副詞と呼ばれるのである。

(6) I'd like to make the point [*that* nothing can replace a

mother's love].

(母の愛に代わりうるものは何もないという点を主張したい)

(6) では，[ ] 内の that 以外の部分は [SVO] の文型であり，これ以上の要素を必要としない充足した節である。ということは，that は [ ] 内で S, O, C のいずれにもなっておらず，文型の決定に関与していないので関係代名詞ではない。それでいて that 以下を直前の名詞 point と意味的に結びつけている。このように，名詞の後ろに現れてその名詞で表されているものの具体的な内容を述べる節のことを同格節 (appositive clause) という。この場合の that は接続詞であり，「... という (名詞)」と訳されることが多い。

(7) When two women suddenly become friendly, it is a sign [*that* some third woman has lost two friends].

(二人の女性が突然親しくなった場合，誰か第三の女性が友人を二人失った (という) しるしである)

(7) は，《諺》Two is company, but three is none. (二人はよい連れ，三人は仲間割れ) の具体例である。

同格節を従える名詞には，point, sign のほかに，belief, dream, fact, hope, idea, news, notion, report, possibility などのような抽象名詞がある。名詞と同格節は，通例，be 動詞で結ばれるような論理関係にある: *The fact* is *that the situation is hopeless*. (事実は事態が絶望的だということだ) [⇔the fact *that the situation is hopeless* (事態が絶望的だという事実)]。

10.5. 代用関係副詞 that

when, where, why, how などの関係副詞，あるいは代替表現の at [in, on, for] which は，口語ではその代用関係副詞である that にとって代わられる場合が多く，それも省略されることが普通に

なっている。that がなぜ関係副詞なのかは，上の 10.4 節 (5) で説明したとおりであるが，以下のいくつかの例文訳の後ろに [in which] などと付記したのは，that が副詞の働きをしていることを示すためのもので，実際に用いられることはない。以下の例文で，姿を見せない that の在りかは分かるはずだが，最初の例文のみにカッコ書きで示してみる。

(1) *By the time* (*that*) you graduate from the university, she will have got married. (君が大学を卒業する頃までには彼女は結婚してしまっているだろう) [at which]
(2) This is the *place* we met yesterday.
 (ここが昨日私たちが会った場所だ) [in which]
(3) This is *the way* it happened.
 (それはこのようにして起こったのだ) [in which]
(4) That is the *reason* I refused to go.
 (私が行くのを拒んだのはそういう理由だ) [for which]
(5) Nature is wonderful! A million years ago she didn't know we were going to wear spectacles, yet look at *the way* she placed our ears. (自然はすばらしい。百万年前，人間が眼鏡をかけるようになるなどとは自然は知らなかった。なのに，われわれの耳の付け具合はどうだ) [nature「自然力：《通例 N-》創造主，自然の女神（通例，女性扱い）」]
(6) The *reason* there were fewer wrecks in the old horse-and-buggy days was *because* the driver didn't depend wholly on his own intelligence.
 (むかし馬車の時代に衝突事故が今よりも少なかった理由は，御者が自分だけの知能に全面的に頼ることがなかったからだ) [皮肉]

 NB The (likely) *reason* for his refusal *is that* .... (彼が拒んでいる（ことで考えられる）理由は ... だ) のような文で，that の代わりに because を用いるのは《口》の場合である。

10.6. 関係詞を用いない接触節

関係詞を介さずに直接名詞を修飾する形容詞節を，本書でしばしば引用している文法学者 Jespersen (Otto, 1860-1943) は，接触節 (contact clause) と名付けた。接触節は，① すでに見た二重制限関係詞節の最初の関係詞節において典型的に現れる。② さらに，10.4 節 (3), (4), 10.5 節の用法で関係詞を使用しない場合も接触節であり，③ ほかにも次のようなものがある。(1), (2) では斜字体部分が接触節であり，(3) は説明を加えるための例文である。

(1) Frequency is the number of times *an object vibrates within a given period* (*usu. in a second*)（振動数とは物体が一定の時間内に（通常は1秒間に）振動する回数のことである）

(2) The number of times *she has been late* has gone up recently.（彼女はこのごろ遅刻の回数が増えた）

(3) The committee met officially three times.
（委員会は3回公式の会合を持った）

(3) の中で，three times は目的語ではなく，副詞句である。だからと言って，この文から得られる「委員会が公式に会合を持った回数」を，the number of times *at which* the committee officially met とはしない。the number of times the committee officially met というふうに，接触節にするのが普通である。このような用法は，副詞的対格 (adverbial accusative) で用いられる「時間」，「空間」，「様態」などを表す名詞（一見目的語のように見えるが，副詞の働きをする）に見られる: e.g. the day he was born（彼が生まれた日），the way she smiles（彼女のほほ笑み方）。

第 11 章

あいまいさの引き金

　「前置詞 + 名詞」= 前置詞句（という形式）は，あるときは形容詞句として先行する名詞を修飾し，またあるときは副詞句として動詞を修飾するという二つの働きをする。そのため，時には文の意味が曖昧になる。この章では，そのような修飾関係の曖昧さとともに，人称代名詞の指示対象の曖昧さ，二重否定や否定辞 no の両義性などについて考える。日本語の「あいまいな」は，英語の ambiguous（両義の），vague（指示対象がはっきりしない），fuzzy（境界があいまいな）などを含めた意味があるので，文字どおり曖昧である。

11.1. 前置詞句

　前置詞句 (prepositional phrase) を PP で表すことにする。先に前置限定用法の形容詞は，通常，四つ以上連ねることはないことを指摘した（→ 6.2.3.）。しかし，後置修飾の PP は，その数に制限はない。次の文には八つの PP が使われている。

(1) 　Get the book in the bookcase in the room with the yellow door at the end of the corridor on the ground floor of the south wing of our building. 　　　　　　(Blake, 45)
　　（このビルの南の翼棟 1 階廊下の突き当たりの［にある］黄色いドア

137

の［のついた］部屋の［に置かれた］本箱の［にある］本を持ってきてくれ）［日本語訳にある「の」の代替訳なしに，「の」だけの訳のついた日本語を読むとすれば，途中で意味のつながりを見失う恐れがある（→ 8.6.）］

　前置詞は，他の品詞，特に副詞との区別が明確でない場合があり，そのため両義になることはすでに見た（→ 8.1.）。前置詞は従来から定義しにくい品詞の一つとされているので，さしあたり「名詞・代名詞などの前に置いて，その語の他の語に対する関係を示すもの」（明鏡）であるとするなら，その「他の語」が複数個あるときに PP に曖昧さが生じることになる。

(2)　A:　Doctor, doctor, I've broken my arm *in two places*.
　　　B:　Well, don't go back there again then.
　　　（「先生，腕を2か所骨折しました」「では，もう二度とその場所へ戻ってはいけないよ」）

in two places「(a) 二つの場所で／(b)（身体の）2か所で」の両義。副詞句 in two places が，(a) では broken と，(b) では my arm と関係を結んでいる。

　さらに，次の文の parsing を見てほしい。

(3)　She put the block in the box on the table.

(Hirst (1987: 158))

　　a.　彼女は箱の中の積み木をテーブルの上に置いた。
　　　　[cf. The block in the box was put on the table.]
　　b.　彼女はその積み木をテーブルの上の箱の中に入れた。
　　　　[cf. The block was put in the box on the table.]

　(3a) の読みでは，in the box は block を修飾する形容詞句，on the table は put を修飾する副詞句。(3b) の読みでは，in the box は put を修飾する副詞句，on the table は box を修飾する形容詞

句。どちらの解釈をとるかは文脈が決める。

　仮にある英文を，[S V O PP] という構造で表すことにした場合，PP が主語指向的 (subject-oriented) なのか目的語指向的 (object-oriented) なのかは，動詞の性質による。手始めに，

(4)　The women discussed the dogs *on the beach*.
　　　(女たちは海辺にいる犬のことを話し合った)
(5)　The women kept the dogs *on the beach*.
　　　(女たちはそれらの犬を海辺で飼っていた)

を比較してみる。どちらも [S V O PP] の構造である。

　(4) の discuss が予期するのは「動作主 + discuss + 受動者」なので，the dogs が最終的に予想される項[1] (final expected argument) だと解釈され，この後にさらに語句が続く場合，それは最終予期項である O (= the dogs) の修飾語句だという解釈が働く。そのため文が閉止することは延期され，後続の PP は目的語指向的の修飾要素としてこの O に吸収される。つまり the dogs on the beach が O と解釈されるのである (SVO の文型)。

　それに対して，(5) の keep のほうは，「動作主 + keep + 受動者 + 状態」という統語的読みの偏好がある。そのため，the dogs は最終予期項ではないので O としては直ちに閉止され，状態を表す表現が後に続くことを予期して読むことになる。つまり，[S V O PP] の PP は，O よりも V との親和性が強いので主語指向的と解され，V を修飾しているという解釈が働くのである。よって (3) では the dogs が O である (Hirst (1987: 155))。

　われわれ日本人には，残念ながら，動詞に対するそのような感覚

---

[1] 項 (argument) というのは，節の中で動詞と直接かかわりあう名詞句 (NP) のことで，主語，直接目的語，間接目的語のことを言う。NP は，形容詞的修飾要素を含んだ数語からなることもあり，たった名詞 1 語のこともある。

はあまり持ち合わせていない。そこで一つの目安となるもの，あるいは原則を覚えておきたい。

(6) John attacked the man *with a knife*.
   a. ジョンはナイフを持った男を攻撃した。
   b. ジョンはナイフでその男を襲った。
(7) The landlord painted all the walls *with cracks*.
   a. 家主はひび割れした壁全体にペンキを塗った。
   b. 家主は全部の壁にぴしゃりぴしゃりと殴りつけるようにペンキを塗った。

(6), (7) いずれも，統語的読みの偏好として，PP は目的語の NP ではなく，文の V を修飾する (b) のほうの解釈にとられやすい傾向がある (Hirst (1987: 9))。この読みを原則とするのである。これは原則であるから，もちろん，文脈による例外もある。

PP には上記 (a), (b) 二様の読みのほかに，もう一つの読みがある。

(8) A: My cow fell down a hole and I had to shoot it.
    B: Did you shoot it in the hole?
    A: No, in the head.
    (「うちの牛が穴に落ちたので撃ち殺さなければならなかったんだ」「穴の中で撃ち殺したのか？」「いや，頭だ」)

2 行目の文は，前置詞句 (in the hole) が，副詞的修飾句 [＝主語指向的] なのか，あるいは形容詞的修飾句 [＝目的語指向的] なのか，さらには慣用表現なのか，の違いにより，多義である。① [主語指向的]「穴の中で撃ち殺したのか」，② [目的語指向的]「穴の中のそいつを撃ち殺したのか」，③ [慣用表現]「そいつの頭を撃ったのか」。本例では ② のつもりで尋ねた質問者に，③ の意味で答えた。③ の慣用的読みの例: He *stared* me straight *in* the face. (彼は私の顔をまともにじっと見つめた) / The dog *bit* her *in* the leg. (犬は彼

女の脚をかんだ) / *box* sb *on* the ear (人の横面を張りとばす)。

NB I shot the cow in the hole. において, ① の読み方では, 前置詞句を文頭に置くことができる (= In the hole I shot the cow.) が, ② の読み方 (= 穴の中にいる牛) ではそれができない。

(8) と類似した多義読みの例を挙げる: The sniper shot the terrorist *in the temple*. (① 狙撃兵は寺院でテロリストを射殺した／② 寺院にいたテロリストを射殺した／③ テロリストのこめかみを撃ち抜いた)。

不定詞を広義の意味で PP と解すれば, leave を含む一部の連鎖動詞 (catenative verb) [準動詞を後に従える動詞] の準動詞の部分において, また過去分詞も修飾という点で, 曖昧に用いられることがある。

(9) She *left* him *to go* on holiday alone.　(Calker (1984: §7.38))
  a. 女は男が一人で休暇を取って出かけるにまかせた。[連鎖動詞 [SVOC]; 受動態 (He was left to go alone.) が可能]
  b. 女は男を残したまま休暇を取って出かけた。[非連鎖動詞 [SVO]; to go on ... = in order that she could go on ...]
(10) 'You boy!' called a policeman. 'Can you help? We're looking for a man with a huge red nose called Cotters ....'
  'Really?' said the boy. 'What're his ears called?'
  (「おい, 君。頼みたいのだが。(注釈参照) と呼ばれる男を探しているんだが...」「ほんと? その人の耳は何ていうの?」)

少年は, 過去分詞 called によって修飾されている被修飾語 (nose/man) を故意に取り違え, 警官をからかった。鼻に名前があるのなら, 耳にもあるはずだ, というわけ。a man with a huge red nose called Cotters「(a) コッターズと呼ばれる大きな赤い鼻をした男／(b) 大きな赤い鼻をしたコッターズと呼ばれる男」

11.2. 指示機能

11.2.1. 前方照応と後方照応

代名詞は，その指示するものに関して曖昧になることがある。

(1) When John met Bill, *he* took off his hat.
   a. ジョンはビルに会うと帽子を脱いだ。[he = John]
   b. ジョンがビルに会うと，ビルは帽子を脱いだ。[he = Bill]
(2) John told Bill *he* had won.
   a. ジョンは自分の勝ちだとビルに言った。[he = John]
   b. ジョンはビルに，君の勝ちだと言った。[he = Bill]
   c. ジョンはビルに，あいつの勝ちだと言った。[he = ジョンとビルの双方に分かっている第三者]
(3) John asked Bill to send me the picture of *himself*.
   a. ジョンはジョン自身の写真を私に送るようにとビルに頼んだ。[himself = John]
   b. ジョンはビルに，ビル自身の写真を私に送るようにと頼んだ。[himself = Bill]

二人の対話において，話者が用いた代名詞がどの名詞を指しているのか，その指示対象 (referent) を，聞き手はたいてい文脈から正しく探しあてるが，聞き手がこれを故意に誤解して反応すると，読者はその的外れの意外性におかしみを感じ，笑い話となる。

(4) "Keep that dog out of my garden. *It* smells disgusting!" a neighbor said to a little boy one day. The boy went home to tell everyone to stay away from the neighbor's garden because of the smell!
   (ある日近所の人が男の子に言った，「その犬をうちの庭に入らせてはいかん。へどが出るほどの臭いだ」男の子は家に帰って，悪臭がするからその隣人の庭に近づかないようにと，家族のみんなに言った)

代名詞 it は前方照応的 (anaphoric) であり，it が指すものとして，本例では先行する二つの名詞 (dog, garden) のいずれも，その指示対象になる可能性がある。それを利用して少年は悪臭の発生源を変えてしまった。stay away from ...「... から離れている」

　代名詞の指す名詞は，必ずしも代名詞の先に現れるとは限らない。代名詞のほうが，指示対象である名詞よりも前に現れることがある。

(5) Before *she* was married my sister turned her husband's head with her good looks. Now she turns his stomach with her cooking.
　　(姉は，結婚前はかわいらしい顔で今の夫をクラクラっとさせたが，結婚後は料理でその胃をムカムカっとさせている)

初めの she は後方照応的 (cataphoric) で，後方にある my sister を受けている。turn sb's head「人をうぬぼれさせる；人を夢中にさせる」: e.g. Their flattery *turned her head*. (彼らにおだてられて彼女はうぬぼれてしまった)。turn sb's stomach「人をむかむかさせる，に吐き気を催させる」: e.g. The smell of rotting flesh *turned my stomach*. (腐りかけた肉のにおいで胃がむかむかした)。

11.2.2. 人称代名詞の it

　it がなぜ人称代名詞なのかふしぎに思われるかもしれない。人称代名詞とは「人を称する代名詞」ではなく，「1人称，2人称，3人称に用いられる代名詞」の意味である。it は，基本的に，話し手がすでに話題にしたもの (多くの場合，名詞)，もしくは話し手が行ったことを指す。

(1) He smokes in bed, though I don't like *it*.
　　(彼は寝たばこをするのです，私は気に入らないのですが)
　　[it = his smoking in bed]

it はまた，次の例のように漠然とした状況を表す。

(2) Dad: Why is your January report card so bad?
    Son: Well, you know how *it* is. Things are always marked down after Christmas.
    (「1月の成績はどうしてこんなに悪いのか」「(理由は) 分かってるでしょう。クリスマスの後はいつだって何でも下がるんだ」)

a report card「(学校から家庭への) 通信簿」how it is の it は report card を指しているのではない。発話時点でそれと察知できる事情や状況，またはその原因・理由を示す代名詞である: e.g. You look pale. What is *it*? (青い顔をしているけどどうしたの)。things「(全般的な) 事情，万事」cf. Prices are always *marked down* after [marked up before] Christmas. (クリスマスの後にはいつも値段が引き下げられる [前には値段が引き上げられる])。

このような it はまた口語において，「物事の根幹・核心・要点，あつらえ向きのもの」といった意味で使われる: e.g. That's *it*. (それだ，そのとおり，そこだ，それが問題だ，それが原因 [理由] だ: もうたくさんだ)。

人称代名詞の it も，11.2.1 節の (1)-(3) でみたような指示対象の曖昧さを生じる。

(3) P: Doctor, doctor, I've been stung by a bee. Shall I put some ointment on *it*?
    D: Don't be silly — it must be miles away by now.
    (「先生，ミツバチに刺されました。軟膏でも塗りましょうか」「ばかなことを言ってはならない。ミツバチは，今ではもう何マイルも遠くへ行っているに違いない」)

2行目の代名詞 it の指示対象 (referent) が曖昧。bee を指すとも，刺された部位を指すとも解釈できる。

11.2.3. 人称代名詞の they

(1) Mother: What did you learn in school today?
    Son: How to write.
    Mother: What did you write?
    Son: I don't know, *they* haven't taught us how to read yet!'
    (「今日は学校で何を学んだの？」「書き方」「何を書いたの？」「知らない。まだ読み方を教えてもらっていないもの」)

坊やの言っていることは正しい。われわれの知らない言語の文字，たとえばハングル，キリル文字，アラビア文字などを見様見まねで書き取ることはできても，何を書いたのかと問われると，読めない者には答えられない。文中に they の指示物（referent）が見当たらない場合，'文脈から類推できる関係者'を表すと解するのが通例である。本例の場合は，学校関係者＝先生方のこと。'不特定の they' といわれるもので，「当局」と訳すこともある。

11.2.4. 指示代名詞の that

人称代名詞 it は，話題になっている指示対象に軽く言及しているだけである。それに対し指示代名詞 that は，話し手が，談話の中で指示対象を話題として持ち出す場合に用いられ，自分が用いるどの語・句・文を強調（highlight）しているのかを，聞き手に間違いなく伝えたいという意図を表す働きをする。したがって，既述の文脈や状況そのもの，またはそれらを描写する形容詞・動詞などをも代示する。また，指示代名詞 that は，人称代名詞とは異なり，繰り返して用いられることはないので，繰り返すコンテクストでは人称代名詞の it が用いられる。

(1) *That*'s a good one.
    (いまのはうまいですね)［冗談などを聞いたとき］

(2) I was disgusted: *that*'s the only word for *it*.
   （私はうんざりしていた，それ以外に適切な言葉はない）
   [that = 'disgusted']

(3) "Don't let that vex you." "Oh, I'm not going to let it do *that*."
   （「そんなことでくよくよするな」「くよくよなんかしないさ」）
   [it は先行の that を受け，2番目の that は動詞句 vex me（← you）を受ける]

(4) He had to get an exit permit, and *that* had to be done personally.
   （彼は出国許可証を手に入れなければならなかった。そしてそのことは自分でやらなければならなかった）[that = to get an exit permit]

(5) I heard Friday's meeting has been cancelled. If *that* is so, I shall protest very strongly. (Close (1975: 1.6.29))
   （金曜日の会議は中止になったそうだ。事実だとしたら、強く抗議してやる）[that = Friday's meeting has been cancelled]

(6) "How could he be such a fool!" *That* was what he said.
                                                (Jespersen (1958: 16.2₄))
   （「あいつはよくもあんなにマヌケになれるもんだ！」それが彼の言った言葉だった）[That を省略しても同じ意味になる。すなわち that は直前の全文を指す]

that はまた，すでに指摘されている人［物，事，時など］に関し，場所的・時間的・心理的により遠いほうを指して，前者（the former）の意味でも用いる：e.g. Virtue and vice are before you; *this* leads you to misery, *that* to peace.（善行と悪行とが与えられており，後者は人を不幸に陥れ，前者は平和へと導く）。

未来は近づいてくるもの，過去は遠ざかっていくものと捉えるので，心理的に遠いのは「過去のこと」である。ゆえに，悪遊びで，'When the elevator is silent, look around and ask "is *that* your beeper?'"（エレベーターがしーんとしているとき，あたりを見回し「いま鳴った音はそちらさんのビーパーですか」と尋ねよ）という文で，that が用いられている理由が分かる。

11.3. 転移修飾語

あいまい表現の一種と見なされるものに，形式の上での修飾語と被修飾語が意味的にずれるような表現法がある。

(1) No children may attend school with their breath smelling of *wild* onions. (a law in West Virginia)
（どの子供も，その息に，野生の玉ねぎの臭いをさせて登校することは許されない）（ウェストバージニア州の法律）

smell of ...「...の（ような）においがする，... 臭い」(1) は，「玉ねぎの猛烈な臭いをさせて (with their breath smelling *wildly* of onions)」という解釈を許す。すなわち，例文の wild は，本来修飾している語 (onions) から離れて，他の語 (smelling) を修飾しているかのような解釈をするのである。これは修辞学で転移修飾語 (transferred epithet) と呼ばれている：e.g. He was waving a *genial* hand. = He was *genially* waving a hand. （彼は愛想よく手を振っていた）/ It was a *melancholy*, rather *ill-tempered* evening, for they were all tired. （憂うつな，少し気むずかしい晩だった。皆が疲れていたからだ）/ his *dying* wish （いまわのきわの願い）。いずれも，本来は人 (person) に属すべき形容語句 (epithet) が転移され，事物に付されてそれを修飾している形になっている。日本語にも「楽しい時代」，「悲しみの日々」など，似た表現がある。a very *hot* cup of tea も転移修飾の例といえる。

(2) Paddy was directing his first play and was not satisfied with the hero's *dying* scene.

"Come on," he cried, "put more life into your dying."

(パディは初めて芝居の演出をしていたが，主人公が死ぬシーンに満足できなかった。「さあさあ，がんばって，死ぬところをもっと生き生きとやってくれよ」)

the hero's dying scene の dying は，形式上は scene を修飾しているが，死ぬのは hero であって scene ではない。transferred epithet である。

11.4. 両義のイディオム

(1) An American tourist was visiting a quaint country village, and got talking to an old man in the local pub. 'And have you lived here all your life, sir?' asked the American.
 'Not yet, my dear,' said the villager wisely.
(アメリカ人観光客が古びた田舎の村を訪ねていて，飲み屋で一人の年寄りと話し始めた。「それで，おじいさんは今までずっとここに住んでいるんですか？」「まだだよ，君」)

quaint「古風で趣のある」get 〜ing「〜し始める」: e.g. (I'd) Better *get* mov*ing*. (もう(そろそろ)帰らなくちゃ) local pub「地元のパブ [飲み屋]」my dear は親しみを込めた呼びかけ。all one's life「(a) 今までずっと／(b) 一生涯」の両義。観光客は (a) の意味で使い，老人は (b) の意味に解し，まだ生涯は終わっていませんよと，茶目っ気振りを示した。wisely「抜け目なく」

'a joke with a double meaning'（二重の意味を含んだ冗談）とか，'play on the double meaning of a word'（言葉の二重の意味をもてあそぶ）という表現に見られるように，ふつう二重読みといえば，① 単語の場合には，homonym（同綴同音異義語）もしくは homophone（異綴同音異義語）によるしゃれによって，② 句の場合には

「字義読み／イディオム読み」の両義によって，③節の場合には両義構文(→ 11.7.)によって，おかしみを誘うのだが，上例は両義のイディオムによる珍しい例である。

次に②の例を示す。

(2) Cannibal: Mom, mom, I've been eating a missionary and I feel sick!
    Mom: Well, you know what they say — you can't keep a good man down!
    (「かあちゃん，宣教師を食べていたら吐き気がしてきちゃった」「おやまあ，言い慣わしがあるでしょ（下の注参照）」)

cannibal「人食い人種」missionary「宣教師」what they say「世間で人様がなんと言っているか」keep ... down「(a)(...を腹に)収めておく，もどさないでおく／(b) ...を抑圧する，(人の進歩，成功などを)阻む」の両義: e.g. (a) The invalid could not *keep* his food *down*.（病人は食べ物を腹に収めておけなかった）。母親が発したことばは，文字どおりには「善人をお腹の中に収めておくことはできないのだよ」の意味であるが，次の NB で説明するイディオムにもひっかけている。

NB You can't keep a good man down.（有能な人は必ず頭角を現すものだ）は定型句であり，日本語の「錐の囊中におるが如し」（史記）に相当する。錐の先が袋から突き出るように，英才は隠れていてもいつか必ず真価を現す，という意味である。成句なのでそのまま一文として，男女の別なく用いる。
(i) "I hear that Monica is competing in the skiing competition again in spite of breaking her leg last year." "You can't keep a good man down!" (*ODCIE*)
（「モニカは去年足を骨折したのに，またもやスキー競技会に出るんだって」「有能な人が頭角を現すのをとどめることはできないさ」）［女性に言及しているのに man を用いている］

11.5. 二重否定

(1) Beth: Now, you know what Miss told us. Not ain't. It's I am not coming, he is not coming, she is not coming, they are not coming.
Ted: Blimey, ain't nobody coming?
(「ねえ，先生が何て言ったか知ってる？ 行かねーではなくて，正しくは，行かない，来ねーではなく，来ないと言うんだって」「へえ，誰も来ねーの？」)

Miss「先生」ベスが "Not ain't. It's I am not coming, ... they are not coming."「(非標準的な) ain't ではなくて，正しくは I am not coming, ..., they are not coming などと言うのよ」と，四つの例文を示してたしなめたのを，テッドは「誰も来ない」と受け取った。blimey《英俗》「(軽い驚き・興奮を表して) おや，これは，しまった (また blimy とも)」[もとは God blind me! の省略形としての blind me を縮めたもの] ain't は《非標準》am [are, is, have, has, do, does, did] not の短縮形。たしなめられたにもかかわらずテッドはまたもや，しかも非標準的な二重否定のおまけ付きで，ain't を用いている。

二重否定 (double negation) には，① 標準的用法と ② 非標準的用法とがある。

(2) a. *No* one has *nothing* to offer to society.
(誰にも，社会に寄与しうる何かがある)
[肯定の意味＝標準的用法]
b. She did*n't* leave *no* word behind.
(あの女は一言も言い残していかなんだ)
[否定の意味＝非標準的用法]

11.6. no の意味

求職者が，以前の職場の上司の推薦書を携えて面接にやってきた。推薦書には次の一文があった。あなたはこの人物を採用するだろうか。

(1) "I can assure you that no person would be better for the job."
  ((a) その仕事に彼ほどの適任者はいないことを保証いたします)

叙想法 (would) が用いられているのは，断言を憚っていることを示す (13.6.4節)。隠し意味のほうは，被推薦者の無能ぶりをほのめかし，「(b) その仕事には確かに誰もいないほうがよい (＝欠員のままのほうがよい) だろうと申し上げます」と言っているのである。no person は one person, two persons などに対する「0 人 (ゼロにん)」のこと。このように，no は二つの解釈が可能である。

no を含んだ両義文をいくつか示す。

(2) *No* news is impossible.
  a. 便りがないのは，耐えられない。[no は語否定]
  b. 今どきのニュースは，何でもありだ (← どんなニュースもあり得ないことではない)。[no は文否定]

impossible「(a) (人・物・状況などが) 耐えられない，我慢できない／(b) とてもあり得ない，起こり得ない」

(3) There is *no* love lost between them.
  a. 二人は互いに少しの愛情も持たない。
    [互いに憎み合っている。They don't love each other.]
  b. 二人は互いに愛し合っている。
    [They still love each other very much.]

原文はもともと，「二人の間で愛は失われていない」と直感的に

読める (b) の意味だった。今日では,「no love lost＝敵意,憎しみ」としてイディオム扱いをしている辞書もあるくらいだから,(a) の読みが優勢なのかもしれない。なぜ真反対の意味になったのだろうか。事の起こりはおそらく,「二人の間で失われた愛(なんてもの)はない」と皮肉交じりの解釈をしたことだったのかもしれない。それが「二人は初めから愛し合っていなかった」→「互いに何の愛情も持たない」というふうに論理が働いたものと推測される。

次の対は語順が異なるので,意味も異なる。

(4) a. With *no* coaching *he will* pass the exam.
 (特別指導をしないでも彼は試験に合格するだろう)
 b. With *no* coaching *will he* pass the exam.
 (どんなに特別指導をしても彼は試験に合格しないだろう)
 ［強調のための否定の副詞(句)が文頭にくることによる倒置］

11.7. 両義構文

両義構文 (amphibology) には,同一表現が,(A) 異なった文脈あるいは仮想状況に適用されるために異なった意味に解釈される場合と,(B) 文の解析の仕方(つまり,文法的分析)が異なるために二つの異なった意味に解釈される場合とがある。一般には後者の意味で用いられる。

(A),(B) の各々の例は,無能な従業員を解雇して他社へ転職させたいと思っている上司が,推薦文を作成する場合の次の文言 (1),(2) に,それぞれ見ることができる。

(A) 異なった文脈の適用による違い

(1) There is nothing you can teach a man like him.
 (彼のような人間に教えてやれることは何もありません)

脳足りんのため学び取ることができないから。ただし推薦状なの

で,「彼のような(優れた)人間に教えることのできることは何もありません」と読んでもらえるように,両義になっている。a man like him は,「彼のようなバカな人間」なのか「彼のような優れた人間」なのかが曖昧(vague)である。その仮想状況の曖昧性を利用した equivocal な(意図的に曖昧な)表現である。

(B) 異なった文法的分析による違い

(2) I most enthusiastically recommend this candidate with no qualifications whatsoever.

前置詞句 with no qualifications whatsoever を PP で表す。PP＝副詞句と解すれば,「(a) 本志願者を全く何の条件もつけずに(衷心よりご推薦申し上げます)」という意味になるが,PP＝形容詞句と解すれば,「(b) 何一つ資格を持たない本志願者(を心からの熱意を込めてご推薦申し上げます)」という意味になる。qualification「(a) 条件／(b) 適性,資格」の両義。whatsoever「《形》[whatever の強意形] 少しの[なんらの] ... も (= of any kind, at all)」e.g. He received *no* hurt *whatever*.（彼にはなんのけがもなかった）。

ジョークには,言葉の仕掛けに限って言うならば,pun に次いで,異なった文法的解釈をさせる (B) のケースが圧倒的に多い。

(3) What do you always get on your birthday?
Another year older!
(「誕生日にいつももらうものはなんだい？」「また一つ年を取ることさ」)

第1文は [SVO],第2文 (I get another year older.) は [(SV)C] の文型である。この場合,another year は「程度」を表す副詞。

(4) Sometimes I wake up grumpy; other times I let him sleep. (one-liner)（私は,時々は不機嫌を起こし,時々はそいつを寝かせておく）（1行ジョーク）

grumpy（不機嫌な，気難しい）は形容詞であるから，前半の意味は「私は目が覚めたとき，ときどき機嫌が悪い」である。しかし，これを後半部と整合せるためには，grumpy を名詞（目的語）に見立てなければならない。I wake up grumpy は両義構文［SVC／SVO］なので，和訳も曖昧にしてある。

(5) Glenn: Kathy, Mum says to run across the street and see how old Mrs. Planter is.
　　Kathy: OK.
　　Mum (to Kathy): Well, what did she say?
　　Kathy: She says it's none of your business how old she is.
　　（「キャシー，お母ちゃんが向かいのプランター婆ちゃんの様子を見に行ってきてってさ」「分かったわ」「それで，おばあちゃんは何て言ってた？」「自分が何歳かなんて，いらぬお世話だって」）

ジョークの古典である。say to ～「《略式》～せよと言う，命じる」see「見届ける」how old Mrs. Planter is「(a) 年老いたプランター夫人の様子（← How is old Mrs. Planter?）／(b) プランター夫人が何歳か（← How old is Mrs. Planter?）」の両義構文。it's の it は形式主語で how old she is を受ける。cf. That's *none of your business*. [＝Mind your own business.]（お前の知ったことではない；いらぬ干渉をするな）。

　次は連鎖関係（chain relation）を，つまり文の要素を，間違って解釈させる両義構文の真骨頂といえるものである。連鎖関係とは語と語が適格な配列・選択に従って文法的に有意に結びつく関係のことで，統合関係（syntagmatic relation）とも言う。

(6) A: Did you hear about the fool you keep going around saying "no"?
　　B: No.

A: Oh, so it's you.
(「君がノーと言わせながら歩き回らせているばか者のことを聞いたか?」「ノー」「じゃあ,そのばか者は君だったのか」)

the fool [(whom) you keep going around saying "no"] は次の (a), (b) の両義構文。(a) whom を keep の目的語と解する。around は副詞。「君がノーと言わせながら歩き回らせているばか者 (←you keep the fool going around saying "no")」の意味。(b) whom が前置詞 around の目的語になっていると解する。「君がノーと言いながら (その) 回りを歩き続けているばか者 (←the fool around whom you keep going, saying "no")」の意味。質問者は相手に (a) [=上の日本語訳] の意味にとらせ,「ノー」と答えさせておいて,では (b) だ,とばかにしている。

類似構文の例: I'm not the only one he keeps searching. ((a) 彼が捜索を続けさせているのは僕だけではない [省略された関係詞 whom は keeps の目的語; search は自動詞 ← He keeps me searching.] / (b) 彼がチェックし続けているのは僕だけではない [省略された関係詞 whom は searching の目的語; search は他動詞 ← He keeps searching me.])。このような parsing は,複雑な文やある種のジョークの理解に欠かせないものである。

今まで同一表現内の, ambiguous, vague, equivocal という意味での曖昧さを見てきた。文中の機能の境界が曖昧 (fuzzy) な語法,たとえば,現在分詞か動名詞か,また主格補語か分詞構文かについては,すでに 1.4.1, 1.4.2 節で見たところである。

第 12 章

強意表現

　喜怒哀楽その他の強い感情を表す間投詞 (interjection) や誓言 (oaths) の多さにおいては，日本語は英語にかなうものではない。ただし，本書の性格上，上記のものは割愛し，再帰代名詞，焦点構文，強意語句，反語法などによる強意表現を見てみる。

12.1.　再帰代名詞

　再帰代名詞 (reflexive pronoun)（代表形 = oneself) には，次の二つの用法がある。

(1)　再帰用法：　節内の主語と同一のものとみなされ，動詞または前置詞の目的語として用いられる場合: hide oneself (隠れる) / kill oneself (自殺する) / dress oneself (衣服を着る) / hurt oneself (けがをする) / present oneself (現れる) / come to oneself (正気に返る) / cry oneself to sleep (泣きながら寝入る) / help oneself to … (…を自由に取る) // beside oneself with joy (喜びで我を忘れる) // in spite of oneself (思わず，われ知らず) / by oneself (ひとりだけで) / for oneself (自分のために，独力で) / in itself (本来，(他の問題と関係なく) それだけで) / of oneself (ひとりでに): e.g. He proved *himself* a competent engineer. (彼は有能な技師になってみせた)

(2) 強意用法: 副詞的に，もしくは主語と同格に用いて，文強勢を置く:

   a. You should do such things *yourself*.
      (そうしたことは自分ですべきである)

   b. He patronized literature, and was something of a writer *himself*. (彼は文芸を奨励したが，彼自身もまた多少文筆のたしなみがあった)

   c. To his superiors, he is humility *itself*.
      (上司に対しては，彼は卑屈なまでに腰が低い)

下の二つのジョークで用いられている再帰代名詞 yourself の用法はどちらだろうか。

(3) A wealthy farmer went to church one Sunday. After services he said to the priest, "Father, that was a damned good sermon you gave, damned good!" "I'm happy you liked it," said the priest. "But I wish you wouldn't use those terms in expressing *yourself*." "I can't help it," said the rich farmer. "I still think it was a damned good sermon. In fact, I liked it so much I put a fifty pound note in the collection basket." "The hell you did?!" replied the priest.
(ある日曜日に裕福な農夫が礼拝に行った。礼拝式のあと司祭に言った。「神父さま，あなたのなさった説教はべらぼうに良かったです」「気に入ってくれてうれしいです。でもご自分の気持ちを述べるときそのような言葉 (damned) は使ってほしくないです」「それはどうしようもないんです。そうおっしゃられてもやはり，べらぼうに良い説教だったと思いますので。実のところ，とても気に入ったもんですから，献金かごに 50 ポンド紙幣を入れておきましたよ」「まじかい?!」)

damned good「べらぼうにいい」terms「《複》言い方, 言葉遣い」express oneself「自分の考え［意見, 気持ち］を述べる」これは再帰代名詞の再帰用法である。The hell you did?!「ほんとうかい?!」the hell「[文頭で副詞的に] ... なんてとんでもない［言葉と反対の気持ちを表す］」: e.g. "Are you listening to me? *The hell* you are!"（聞いているのか。聞いてないよな）/ *The hell* you say!（まさか, そんなはずはない; よく言うよ）[oath の例である]。信者に「'damned' などという言葉を使うものではない」とたしなめている聖職者本人が, 'the hell' という口汚い言葉を使っている。

(4) A really good-looking girl was giving a man a manicure in the barber shop.

'How about a date when you finish work?' he asked.

'I can't,' she replied. 'I am married.'

'So call up your husband and tell him you're going to visit a sick girlfriend,' said the man.

'Why don't you tell him *yourself*,' said the girl. 'He's the one shaving you.'

（理容院で, とても器量のよい子が男にマニキュアを施していた。「仕事が終わった後デートはどう？」「だめよ, あたし結婚してるのよ」「じゃあ, ご主人に電話して病気の友だちを見舞いに行くと言ったらどう？」「ご自身でおっしゃったらどう？ あなたに剃刀を当てているのが主人よ」）

give (sb) a manicure「(人) にマニキュアをする」How about ...?「《話》［提案・勧誘を表して］... はどうですか」: e.g. *How* [*What*] *about* stopping work now?（もう仕事をやめたらどう？）。So「《口》［文頭に置いて］それでは, じゃあ」call up「《米口》電話をかける」Why don't you ~?「~してはどうか」(→ 14.6.)。yourself「自分で［再帰代名詞の強意用法: 副詞的に用いる］」one = person.

12.2. 焦点構文

焦点構文 (It is ... that) においては '...' の部分が焦点になる。焦点となって強調されるのは, ふつう名詞相当語, 副詞相当語であるが, 形容詞も可能のようである。この構文は一般に, 'It ... that' の強調構文, 分裂文 (cleft sentence) などと呼ばれている。焦点になっている部分を斜字体で示し, その語類等を [ ] 内に示す。

(1) It is *John* [*him*] that I am anxious about.
 (僕が心配しているのはジョン [彼] だ) [名詞・代名詞。about の目的語になっているので, he ではなく him になっている]

(2) It was *beige* that he painted his boat.
 (彼がボートに塗ったのはベージュ色だった) [形容詞]

(3) It was only *reluctantly* that he agreed to sing at all.
 (ともかく歌うことには同意したが, 嫌々ながらのことだった) [副詞]

(4) It was *on account of the scar* that I first noticed him.
 (彼が最初に私の注目を引いたのはそのキズ痕のためだった)
 [副詞句 (前置詞句)]

(5) It was *to pay off the loan* that he stole the money.
 (彼がその金を盗んだのは借金を返済するためだった) [不定詞 (副詞用法)] [稀なケースとして原形不定詞の例: It is *sit* tht he does best. (あいつの一番得意なのはお座りだ)]

(6) It is not *that I may be taken back*, that I ask the favor of you. (私がお願いするのは, また元どおりに雇っていただこうと思うためではない) [副詞節 (目的) ← I wrote a letter to the boss *(so) that I may be taken back*.]

(7) It was *where we now stand* that we parted.
 (私たちが別れたのは今私たちの立っている場所だった)
 [副詞節 (場所)]

(8) It was *when I was a mere lad* that I first met her.

(私が初めて彼女に会ったのはほんの若造のころだった)
[副詞節 (時)]

(9) It was *that he should say such a thing* that surprised me.
(私を驚かせたのは、彼がそんなことを言ったというまさにそのことだった) [that 節 (名詞節)]

(10) It was *when they were due* that he was asking.
(彼が尋ねていたのは、彼らがいつ到着予定かということだった)
[間接疑問文 (名詞節)]　　　(以上の数例は池田 (1967) から借用)

12.3. 基準超えの more than

more than は、名詞・形容詞・副詞・動詞等の直前に置かれて、それらの語の意味を強める働きがある。以下に、大沼 (1968) から用例を整理して示す。

(1) They gave him *more than* trouble.
(彼らは彼に面倒をかけたどころではない) [名詞]

(2) The picture did her *more than* justice.
(写真は彼女そっくりと言っただけでは言い足りないくらいだった)
[名詞。do ... justice (... を正しく表している)]

(3) She enjoyed a *more than* adequate income of her own.
(彼女には十分暮らしていける以上の収入があった) [形容詞]

(4) We'd be *more than* glad to attend.
(喜んで出席いたします) [形容詞]

(5) He was feeling *more than* half tempted to post the letter on the bulletin board. (彼はよっぽどその手紙を掲示板に張り出してやろうかと思った) [副詞]

(6) I prefer autumn to spring. What we lose in flowers we *more than* gain in fruits. (私は春よりも秋のほうが好きだ。花のないことは果実が補ってなお余りある) [動詞]

(7) Visiting Paris in autumn is *more than* just visiting a place in autumn.（秋にパリを訪れることは，どこかの土地を秋に訪れるのとはわけが違う）[動名詞]

(8) He left his wife *more than* enough money.
   a. 妻に十分すぎるほどに金を残した。[more は副詞]
      [more than enough] → [money]
   b. 妻に十分な金のほかに土地や家屋も残した。[more は名詞]
      [more] ← [than enough money]

いま問題にしている読みは (8a) のほうである [(more than →) enough [形容詞]]。

12.4. 反語法

ある語や表現を，反対の意味に使った反語法によって意味を強調することができる。日本語でたとえば，「そいつを可愛がってやれ」が，「そいつを痛い目にあわせてやれ」を意味するのと同じである。

(1) He spent a small fortune on his garden.
    （彼は庭に大金をつぎ込んだ）
(2) Quite a little crowd collected to hear the candidate's speech.（候補者の演説を聞こうとかなり大勢の人が集まった）
(3) I'll teach you to ignore my words.
    (《口》私のことばを無視するとどうなるか，お前に思い知らせてやる)
    [= ... not to ignore ...]
(4) How often have I not heard him say so!
    （彼がそういうのを何度聞いたか分からない）
    [修辞疑問による反語：聞かなかったことが何度あっただろうか]
(5) "He isn't a liar." "The deuce he isn't."
    （「あいつは嘘つきじゃない」「嘘つきでないはずがあるもんか」）

the deuce「= the devil;《いらだちを表す》[否定語を強めて] 断然 ... ない (not at all);[疑問詞を強めて] いったい」: e.g. *The deuce* a bit I care. (かまうもんか) / What *the deuce* is he doing? (あいつは一体何をしているのか)。

just は否定疑問文の反語として用いられ，ときに皮肉を暗示する。

(6) "Didn't she cry then?" "Didn't she just!"
   (「そのとき彼女は泣かなかったの？」「泣いたの泣かないのって（大泣きだったさ）」)
   [just「[強意的] ほんとに，実に，大変」音調は下降調]

12.5. フルネーム

この項は文法ではなく生活慣行に関するものである。英米人がファーストネームで呼び合うことは，親愛の情を示す一つの手段であることは広く知られている。いっぽうフルネームは，親が子供に対して用いるとき，次の滑稽定義に示されているように，親の強い態度を表す。

(1) Full Name: What you call your child when you're mad at him.
   (フルネーム：子供にひどく腹を立てたときに呼びかける呼び名)

子供が親の言うことを聞かないときなど，親のキッとした態度を示すために子供をフルネームで呼ぶ。女の子に対しても同様である。フルネームで呼ぶことは，他人行儀なことであり，相手と距離を置こうとする効果を持つ。子供は親に頼らなければ生きていけない。ゆえに，親に受け入れられたい子供は，真剣にならざるを得ない。子供に嫌われた "full name" は身の置き所がないのか，見出し語 (headword; entry word) として英語辞書には載っていない。なの

に，掌中に収まる小さなカタカナ語辞典に載っているのは，皮肉なことである。child は男性・女性のいずれをも表す通性 (common gender) の語[1]であるから，上の定義文中で child を him で受けるのはおかしいと思うのであれば，厳密な文章では clumsy にはなるが，him or her に置き替えることも可能である。

12.6. バツ印 (×)

文法の問題ではないが，×印は日米の解釈の違いを示す面白い例である。

(1) Mother: Does your teacher like you?
    Son: Like me, she loves me.[2] Look at all those X's on my test paper!
    (「先生はお前のことを好いてくれている？」「好きなんてもんじゃないよ。愛してくれているんだ。僕の答案にあんなに沢山ついている×印を見てよ」)

X's「X 型記号 (×印) の複数形 [crosses と発音する]」。×印は，① 文字の書けない人がサインの代わりに書いたり，② 地図上で所在を示したり，③ 誤りであることを示したり，④ 手紙・電報などの終わりにつけるキスを表す記号として用いられたりする。

(2) There's the Scotchman who signs all telegram he sends his girls Xerxes. In that way he gets in two kisses without

---

[1] 通性語には，なじみのある語が多い：(男性語・女性語を欠くもの) baby, cousin, foreigner, friend, neighbor, pupil, relative, stranger, etc. // (動作主名詞) liar, musician, novelist, professor, runner, student, writer, etc.
[2] 上の子供のせりふ "Like me" は，省略によって否定したい気持ちを伝える語法である：e.g. You a man, and behave so!（男のくせにそんな真似をするとは！）/ He to fail!（彼が失敗するなんて！）。

paying for them.（恋人たちに送る電報全部に Xerxes と署名するスコットランド人がいる。彼はそのようにして，料金を払わずに二つのキスを電文に忍び込ませる）

なぞ解きは，電文は文字数が多いほど料金が高くなること，スコットランド人がしみったれであること，Xerxes の中に x が二つあること，にある。cf. XXX「三つのキス」（個人的な手紙にサインするとき，名前の横に書いて親愛の念を表す; three kisses と読む）; XXXOOO = kisses and hugs [O の文字の形から相手のからだに両腕を回していることを連想させる]。なお，Xerxes は実在した人物で，アケメネス朝ペルシア帝国の王「クセルクセス一世 (?519-465 B.C.)」のこと。

NB 数字・記号・文字などの組み合わせで語句を表す判じ物［絵］のことを rebus という。日本の子どもたちが，「つるニハ〇〇ムし」や「へのへのもへじ」で人の顔を描くのも rebus である。

(i) He drives a Lotus with a personalized license plate "GR8 N BED"（彼は 'GR8 N BED' という個人専用のナンバープレートのついているロータス社製のスポーツカーに乗っている）

Lotus「ロータス（英国の高級スポーツカーメーカー; またその自動車）」personalize「... に自分の頭文字［名前，住所，組み合わせ文字など］をつける」a license plate「許可番号札;《米》(車の) ナンバープレート;（犬の）鑑札」GR8 N BED「ベッドの中ですてき (= great in bed と読む)」

(ii) ICURYY4me. = I see you are too wise for me.
  （あなたにはとてもかなわない）[YY = two Y's → too wise]

(iii) FECpoxTION（天然痘感染）

FECTION の中に小さな pox が入り込んでいるので，small pox in fection → smallpox infection と異分析したのが上の訳。異分析 (metanalysis) とは，語群の境界を誤って識別し，その語の一部を隣接する語に添加してしまうこと: e.g. Auctioneer: A man who looks forbidding.（競売人: 近づきがたく見える人）。looks forbidding → looks for bidding（競り［入札］を待ち受ける）と異分析する。

第 13 章

心態表現

　心態とは，自分の（時には相手の）発話の内容に対して話者がもつ心的態度のことである。確信や反発，丁寧さや遠慮とかいった心のありようは，副詞（句）や間投詞，述語形容詞や法助動詞（modal auxiliary）によって，また文表現の工夫によって表す。

13.1. 談話標識としての間投詞 well

　会話の中で，相手の言ったことを素直に受け入れるわけにはいかないことを示すときに発する"well"や，相手の意図を察知したときに発する"Oh"，また電話を切る合図の"OK"など，話し手が述べようとしていることに自分のコメントを与えるつなぎことばがある。会話の中に出てくる well をどう訳すか，日本人の初中級学習者は教室で頭を抱え込んでしまう。大別して二つの場合を理解しておけば十分であろう。

① 思わず反射的に出てしまう場合［驚き・安心など］: *Well, indeed!* (へー，これは驚いた) [= *Well, I never!*] / *Well, here we are at last.* (やれやれ，やっと着いた)
② 唐突さを避けたり表現を和らげたりするために，話し手が意図的に用いる場合: 話の切り替えや，同意・譲歩・あ

きらめ・ためらい・訂正・即答を避けるなど，話し手が自分の述べようとしている話の中身に対してどのような意図をもっているかを示す。

二人の少年の以下のやりとりに用いられている well に注目してみよう。

(1) Ned and Ted were quarrelling about whose father was the stronger. Ned said, '*Well*, you know the Pacific Ocean? My father's the one who dug the hole for it.'
Ted wasn't impressed, '*Well*, that's nothing. You know the Dead Sea? My father's the one who killed it!'
(ネッドとテッドが，どちらの父親のほうが強いかをめぐって，口論をしていた。「太平洋を知ってるだろう？ 海水を入れるための穴を掘ったのは僕の父さんだぞ」テッドは動じなかった。「何てことないさ。死海を知っているだろう。殺したのは僕の父さんだぞ」)

impress「感服させる，うならせる」最初に Ned が用いた "Well" は，「《話の切り出しに唐突さを避ける》さて」の意味であり，Ted が用いた "Well" は，「(一歩譲って) なるほど，そうだとして」の意味である。これら②のようないわば心的態度を表す機能をもつ語 (多くは間投詞・副詞) を談話標識 (discourse marker) と呼んでいる。

13.2. 緩衝語としての but と and

相手の注意を引いた後に発する自分のことばや，相手の言ったことばに対する応答が強く当たりすぎないように，クッションとしてのつなぎ語の役をするのが見出しの両語である。発話はたんに描写や説明をする機能を果たすだけでなく，聞き手に対する話し手の気持ちを伝えるものでもある。

(1) P : Doctor, doctor, I keep thinking I'm a laptop com-

puter.

D: You're just run down; let me give you some vitamins.

P: No, thanks. *But* I could do with some new batteries.

(「先生，自分はラップトップ型コンピュータだという気がずっとしているんです」「疲れているだけです。ビタミン剤を上げましょう」「結構ですが，新しいバッテリーを頂きたいのです」)

患者は完全にラップトップ型のコンピュータになりきっている。run down「(電池などを)切らす／[通例受身](仕事などが)(人を)衰弱させる，疲れさせる」の両義。〈could do with ...〉「《略》...があればありがたい，...がほしい，...が必要である (= would be glad to have)」: e.g. I *could do with* a cool drink. (冷たい飲み物があればありがたい [飲みたいところだ])。

最後の発話の "No, thanks."[謝絶]から，いきなり "I could do with some new batteries."[おねだり]に移るのはいかにも唐突で，その間をつなぐ橋渡しのようなものが必要である。but にはそのような心理的機能があり，相手への配慮が働いている (相手への配慮は，叙想法 (could) を用いていることからもうかがえる)。

(2) Mr. Smith: I hate to tell you, *but* your wife just fell down the wishing well.

Mr. Brown: It works!

(「言いにくいんですが，奥さんがたった今，願かけ井戸に落ちましたよ」「効き目があるんだな！」)

I hate to tell you, but ...「言いづらいことですが，実は ...」wishing well「(コインを投げ入れると願い事がかなえられるという)願かけ井戸」work「効く，効きめがある」ブラウン氏が何を願っていたかは明らかである。

このような but は，上記のほかにも，excuse me, pardon me といった謝罪表現の後，また間投詞 (e.g. Heavens, Oh!, etc.) などの後にも用いる：e.g. *Excuse me, but* can you tell me the way to the post office? (すみませんが郵便局への行き方を教えていただけますか)；*Good heavens, but* she's beautiful! (これは驚いた，美人じゃないか)；*Heavens, but* it rains! (しかしまあ，よく降りますね (ランダム)／だめだ，雨になっちゃった (新大英和))。

下記の斜字体は接続詞ではあるが，相手の述べた中身に対する話し手の心的態度を示しており，一種の応答詞の働きがある。

(3) M: You're ugly.
　　W: *And* you're drunk.
　　M: Yes, but in the morning I'll be sober!
　　(「君は不器量だ」「そうですとも。そういうあなたは酔っ払っているわ」「ああ，でも朝にはしらふになっているさ」)

sober「しらふの，酒に酔っていない」不器量と酩酊の違い。酩酊は翌朝になれば消えるが不器量はなおらない。

問題になっている and [ænd] は強勢が置かれ，「《接》(相手の言葉を受け取った形で文頭に置き，解説・付加・同意などを表す) そうともそして (Yes! and)」という意味である。And の代わりに But を用いると，反駁の意味が強すぎる。一瞬なりとも順接の意味で「そうとも」といったん受け入れるならば，やわらかなつなぎ語としての役割を果たせる。

13.3. 歴史的現在

(1) Harry Lauder said at one of the innumerable banquets given him by the Caledonians of America: "I am a Scot. The other day I met a man who asked me what a Scot

was and I up and says: 'A Scot, my dear boy, is a man who keeps the Sabbath and everything else he can lay his hands on.'"

(在米スコットランド人が開いた多くの晩さん会の一つで，ハリー・ローダーは言った。「私はスコットランド人です。先日ある人に会ったのですが，その人はスコットランド人とはどんな人かと私に尋ねるのです。それで私は公然と言ってやりました，'スコットランド人はですね，安息日と，ほかに手に入るものは何でも keep する人間のことです'，と」)

ハリー・ローダー (1870-1950) はスコットランドの歌手・コメディアン・作曲家。Caledonian =《chiefly humorous》or《literary》a person from Scotland. up and say [tell]「公然と言い放つ」says は，本来なら，said と過去形を用いるところだが，語り手が，自分が語っている事柄にあたかも目の前で起こっているかのような効果を持たせるため，現在形を用いたものである。これを「歴史的現在 (historical present)」または「劇的現在 (dramatic present)」[Jespersen の用語] という。my dear boy は質問者への呼びかけ。lay one's hands on ...「...を手に入れる，見つける」keeps 以下はくびき語法 (zeugma) である。くびき語法とは，一つの動詞で二つの異種の名詞を強いて支配させる用法のことである: e.g. He *lost* his hat and his temper. (彼は帽子をなくし，かんしゃくを起こした)。本文は「安息日を守り，その他手に入るものは何でも<u>捨てないで持っている</u>人のことです」となる。「あなた方は，スコットランド人はしみったれだと思っているだろう。でも，安息日はちゃんと守る敬虔な国民なんです」と一矢報いている。

13.4. 心的慣性

言葉が理屈どおりに働かない例として，時制の一致を挙げてみる。

(1) Oh, Mr. Smith, I didn't know you *were* here.
    (スミスさん，あなたがここにいらっしゃるとは知りませんでした)
    [= You *are* here, but I didn't know.]

　スミス氏が現在ここにいるのは厳然たる事実なのだから，were は are とすべきところだが，主節の過去時制 did に影響されて（つまり，心的慣性 (mental inertia) が働いて），were となってしまった：e.g. What did you say *was* your friend's name? （友達のお名前は何とおっしゃいましたっけ？）。

　心的慣性が働くのは時制ばかりではない。同一の，もしくは類似の表現にも心的慣性が働くので，これを利用して聞き手（読み手）を一方の解釈に誘導する手段とすることがある。

(2) Time flies like an arrow.　Fruit flies like a banana.
    （時間は矢のように飛んでいく。果物はバナナのように飛んでいく）

第2文は，第1文 [SVA] と同一の表現形式なので，読者はどうしても「果物はバナナのように飛んでいく [SVA]」と解釈してしまう。おかしいと思ってもう一度読み返すと「ミバエはバナナが好物だ [SVO]」と解釈するほうが妥当であることを発見する。第2文は，脳にはたらく慣性の法則を利用した引っかけを意図した両義構文である。a fruit fly「ミバエ (実蠅)，ショウジョウバエ」

(3) Bodies in motion tend to remain in motion.　Bodies at rest tend to remain in bed. （運動中の物体は運動状態にとどまろうとする。安らかな死体はベッドの中にとどまろうとする）

第2文「静止している物体は」と思って読み進んだあと，ぎゃふん。at rest「眠って；静止して；安心して／永眠して [dead の婉曲表現]」の両義。(3) は，慣性の法則 (＝外から力が作用しなければ，物体は静止または等速運動を続けるという，ニュートンの運動の第一法則) のことかと思わせる書き出しである。これを読者の心的慣性に利用した。

主語と述語動詞の数の呼応にも心的慣性が働く。

(4) This kind or roses *is* highly prized.
(この品種のバラは珍重されている)

(4) は，複数形の roses に牽引されて，This kind or roses *are* highly prized. となることがある。ところが，主語を言い変えた Roses of this kind *are* highly prized. は複数で呼応するから，事は単純ではない。ちなみに，主語の言い方は次のように多様で，いずれも正用法である（田桐（編）(1970））。

(5) Many [these] kinds of roses / many [these] kinds of rose / these kind of roses / this kind of roses / roses of this kind / roses of these kinds.

なお，'kinds of' の次に物質名詞・抽象名詞がくる場合は，名詞は単数形である。these kinds of tea［物質名詞］／these kinds of suspicion［抽象名詞］［これらの名詞は unaccountable］

13.5. 否定疑問文

13.5.1. 否定疑問文の感情表現

否定疑問文は，文脈にもよることだが，話し手の次のような感情を伝える。

(1) a. Is*n't* your car working?
(君の車，動いていないの？)［驚き・不信］
  b. Ca*n't* you drive straight?
(まっすぐ運転できないの？)［いらだち］
  c. Are*n't* you ashamed of yourself?
(そんなことして恥ずかしくないの？)［失望］
  d. Is*n't* it a lovely day?

(いい天気じゃありませんか)［感嘆］

13.5.2. 肯定疑問文と否定疑問文: そのニュアンス

肯定疑問文と否定疑問文で，anyone あるいは someone を用いた場合，次のようなニュアンスの違いがある。

(1) a. Did *anyone* call last night?

(夕べ，誰かから電話あった？)

［肯定・否定のいずれの応答も予期した質問］

b. Did *someone* call last night?

(夕べ，誰かから電話あったんでしょう？)

［肯定の応答を期待した質問］

c. Did*n't* *anyone* call last night?

(夕べ，誰も電話してこなかったの？)［失望；否定の応答を予期］

d. Did*n't* *someone* call last night?

(夕べ，誰かから電話があったんじゃないの？)

［肯定の応答を期待した質問 (= Someone called last night, didn't he?)：(b) に比べ，断言を避けた柔らかな表現］

NB 否定疑問に対して応答する際，日本人は間違いを犯しやすい。たとえば泳げる人が，Ca*n't* you swim? と質問されて，そんなことはありませんという意味で，"No" と答えてしまう。You can swim. という命題に対して，真か偽か (yes *or* no) で応答するのが英語の論理であるのに，日本語では，質問者の意図 (私は ... と思うが，それでよいか) を汲みとって応答する。このように母国語の体系にひきずられて間違いを起こしやすいのは，日本語以外にも，中国語や西アフリカの言語の話し手にも見られるそうである (安井(編) (1996))。

英語話者が，上記のように判で押したような反応をするわけではない。論理よりも相手のことばを否定したい感情が先に立って，no で答えることもある。

(i) "You don't know anything," he said. "Oh no," she protested, "I know a lot." (「君は何も知らないんだ」と彼は言った。

「うそよ，ずいぶん知ってるわ」と彼女は抗議した)　　(池田 (1967))
"Oh no," の代わりに "Oh yes," で答えていたとしたら，「知ってますとも」と応答したことになる。

13.6. 法と心態表現

13.6.1. 法とは何か

　文の叙述に対する話者の心的態度の相違によって動詞がとる語形を法 (mood) という。英語の動詞では，be 動詞以外の動詞は屈折変化が消失しているので，法を示す語形が顕著に現れるのは be と were である。

　叙述内容を，話者が事実として受け取っていることを示す動詞の形を叙実法 (indicative mood = 直説法・直叙法) といい，後述するように，心の中にある考え，すなわち物事が生じる可能性・必然性や，願望・意志・想像などを，話者の頭の中にある想念として示す動詞の形を叙想法 (subjunctive mood) という。いま述べたことを例によって示す。

(1)　If I felt tired I *would* go to bed.　　(Chalker (1984: §6.2.3))
　　a.　疲れたら床に就くのだった。
　　　　[叙実法: 過去の習慣を事実として述べている]
　　b.　疲れていたら床に就くのだが。
　　　　[叙想法: 発話者の頭の中にある考えを述べている]

NB　叙想法は一般に仮定法と呼ばれているが，叙実法と対置すべき用語としては叙想法のほうが好ましい。
　細江 (1926: §157 et al.) は叙実法・叙想法という用語を用い，前者を Fact Mood, 後者を Thought Mood とかっこ書きしているが，実に分かりやすい。また山崎貞の『新々英文解釈研究』では仮定法という用語を使わず，一貫して Subjunctive Past (Perfect), Conditional Form という英語を用いている。仮定法という名称に疑問を抱いていたものと推測される。

英語では命令法 (imperative mood) を加えて3種類の「法」があるとされる。3種類の法の例を挙げる。

(i) Heaven *helps* those who help themselves.
　　(《諺》天は自ら助くる者を助く)［叙実法］
(ii) Heaven *help* those who help themselves.
　　(《古》天が自ら助くる者を助けたまわんことを)［叙想法: 祈願文］
　　［I wish heaven help those who help themselves. と同義で，従属節内で用いられることが多いため，接続法とも呼ばれる。Heaven を主格ではなく呼格 (vocative) と解すれば，(iii) と同じになる］
(iii) Heaven, *help* those who help themselves.
　　(天よ，自ら助くる者を助けたまえ)［命令法］

英語の叙述動詞は一般に［法・時制 (tense)・アスペクト・態 (voice)］の順序で表され，真っ先に話者の mood が表出されることになっている。

(2) The work *must have been finished* by five but for the trouble. (事故がなかったら仕事は5時までに終わっていたに違いない)
　　［叙想法×現在時制＋完了相＋受動態］［叙想法×現在時制というふうに「×」にしたのは，英語では法と時制は不可分だからである］

これが日本語の場合には，たとえば，「預け／られ／て／いた／らしい［に違いない，はずだ］」のように，英文法的観点からは［態＋アスペクト×時制＋法］という順序になり，英語とほぼ真反対である。もっとも日本語は，形態論的な形式による体系的な法という文法範疇はもたない，と言われている。

なお，英語には動詞の屈折形としての未来時制やアスペクトはないという学者もいるが (事実そのとおりだが)，意味の上では両者にそれぞれの表現方法があるので，アスペクトという用語はそのまま使うことにする。法の分類も名称も学者によってまちまちであるが，上記にとどめておく。

13.6.2. 法助動詞の用法と意味

法助動詞 (modal auxiliary) には，can, could; may, might; must; shall, should; will, would; (dare; need; ought to, be to) [（　）内は marginal な法助動詞で学者により異同あり] などがある。他の動詞とは異なり，法助動詞は行為・状態を表すものではなく，行為・状態に対する話者の心的態度 (mood) を表す。以下では単に助動詞と呼ぶが，その用法は，助動詞の作用域に基づいて次の二つに分けられる。[1]

① 主語指向用法 (subject-orientated use) =「ねばならぬ；してよい；できない」など，助動詞の意味が本動詞（＝主語の行為）のみに作用している。助動詞は，主語の作用域のなかにある。否定辞 not の焦点は，助動詞の場合が多い。過去形で用いられていても，叙述内容に対する話者の判断は発話時点のもの（すなわち常に現在）である。

(1) I can't come today, but I *could* come *tomorrow*.
　　（今日は伺えませんが明日なら伺えます）

② 話者指向用法 (speaker-orientated use) =叙述内容について「違いない；かもしれない；はずがない)」など話者の判断を表し，助動詞の意味がその助動詞を除いた部分全体（＝節）に作用する。判断をするための助動詞であるから，否定辞 not で否定されるのは，助動詞を除いた部分ということになる。

すべての助動詞に①，②両方の用法があるわけではなく，中には例外的に振る舞うものがあり，複雑でひと括りにできない側面を持つ。二つの用法の違いは，パラフレーズしたときに，顕著に現れる。パラフレーズした後の not の位置に注目してほしい。

---

[1] 従来から用いられてきた，①義務的用法 (deontic use)，②認識様態的用法 (epistemic use) の代わりに，本書では分かりやすくするため代替用語を示した。

(2) a. You *may* not smoke here.
   (ここは禁煙です) ［主語指向用法：not は may を否定（= You are *not* permitted to smoke here.）］
   b. He *may* not have known that.
   (彼はそれを知らなかったのかもしれない)
   ［話者指向用法：not は He-knew-that を否定（= It is possible that he did *not* know that.）］

(3) a. You *must* not smoke here.
   (ここでタバコを吸ってはならない)
   ［主語指向用法：not は smoke here を否定（= Your *not* smoking here is required. *or* I oblige you *not* to smoke here.）］
   b. He *must* not be serious.
   (彼は本気でないに違いない) ［話者指向用法：not は He-be-serious を否定（= It is certain that he is *not* serious.）］

(2a), (3a) は同じ主語指向用法であるのに，否定の焦点は異なる。また (3b) の意味は，(4a) と表現するほうが普通で両者とも話者指向用法だが，パラフレーズした英文の not の位置が異なる。パラフレーズしたときの (4a) は (4b) と対照的である。

(4) a. He *cannot* be serious.
   (彼は本気のはずがない)
   ［話者指向用法（= It is *not* possible that he is serious.）］
   b. He *cannot* drive a car.
   (彼は車の運転ができない) ［主語指向用法：not は can を否定（= He is *not* able to drive a car.）］

下の英文は三とおりの読みが可能である。

(5) The windows *may* be broken.
   a. It is possible that the windows *are* broken.
   (窓は割れているかもしれない) ［状態受動態；話者指向用法］

b. It is possible that the windows *will* be broken.
   (窓は割られるかもしれない) [動作受動態；話者指向用法]
c. It is permitted that the windows be broken.
   (窓は割ってもよろしい) [主語指向用法]

ここで必要(性)を表す must/should の主語指向用法を見てみよう。以下のようなニュアンスは，われわれ日本人には指摘されなければ分からない。車の運転手の二つの発話 (6a, b)，友人の二つの発話 (6c, d) にはどのような違いがあるのだろうか。

(6) a. I *ought to* [*should*] go slowly here; it's a built-up area.
       (ここはゆっくり走らなければならないのだろうなぁ，市街地だから)
    b. I *must* [(*will*) *have to*] go slowly here; it's a built-up area.　(ここは何としてもゆっくりと行かなければならない，市街地だから)
    c. We *should* have a party to celebrate your engagement.
       (君の婚約を祝うパーティーを開かなければならないね)
    d. We *must* have a party to celebrate your engagement.
       (君の婚約を祝うパーティーをぜひ開かなければならないね)

should を用いた話者は，(6a) で「車をゆっくり走らせる義務」を，また (6c) で「パーティーを開く義務」を，今も将来も果たす気持ちをもっていないことを暗示している。それに対し (6b)，(6d) は，話者が本気であり，聞き手はその言葉が果たされることを確信することのできる表現である (Thomson and Martinet (1988: §141))。

法助動詞は，一筋縄ではいかない文法事項である。上記 ①，② 二つのそれぞれの用法において，その助動詞の後に完了形・進行形・状態動詞 (like, love, want, etc.) がくることの可否，if, when 等を用いた副詞節の中で用いられるか否か，否定文・疑問文・受動

態は可能かなど，統語的・意味的にかなり問題が多く，

> "Many pages, chapters, even books, have been written about the modal auxiliary verbs in English. What makes it so difficult to account for the use of these words ... is that their meaning has both a logical and a practical (or pragmatic) element. (Leech (1971: §112))
> （英語の法助動詞について論じた頁・章は多く，多くの書物も取り上げてきた。この動詞の用法の説明が困難なのは，この動詞の意味には論理的要素と実際的な（言い換えれば語用論的な）要素の両方を含んでいるからである）

と言われるほどであるから，本節では扱いきれない。基礎の英文法で，動詞には他動詞と自動詞があることを学び，その違いが理解できるようになれば，そのあと個々の動詞の意味用法については，辞書が扱う領域である。同様の理由により，以下で扱う2, 3の点を除き，詳細は辞書・文法辞典ないしは法を扱った文法書にゆずる。

13.6.3. need not の意味

この項では，見過ごされやすい法助動詞の意味用法の代表例として，need を取り上げてみる。助動詞 need はもっぱら否定形で用いられ，need not はある事柄が ①「必要でない」こと，または ②「必ずしも真ではない[当てはまらない]，とは限らない」ことを，話者の判断として言う場合に用いる（本動詞の need は，一般に，主語にとってあることが必要であることを客観的に述べるものであり，もちろん，否定文にすることができる）。上の ② の用法は以前から見られたが，今世紀になってはじめて辞書に載るようになった。頻度として ① ほどには多くないので用例をいくつか挙げる。

(1) "That must be a mole." "It *needn't* be — it could be a mouse."（「あれはモグラに違いない」「いやそうとも限らないよ，

ネズミかもね」)

(2) Clauses acting as subject or direct object may be introduced by a conjunction such as *that*, but *need not* be.

(Blake, 109)

(主語あるいは直接目的語になる節は，that のような接続詞に導かれることがあるが，そうでなければならないわけではない) [but 以下を，「その必要はない」と訳すことはできない]

(3) These constructions sometimes seem difficult to use, though they *need not* be as the following pairs illustrate.

(Close (1981: §300))

(これらの構文は，時には使うのが難しく思える。だが，次の一組が例証しているように，必ずしも難しいわけではない)

(4) If you have more than 15 or so students, you will need to have two or more sets of the activity running at the same time. This *need not* be as difficult as it sounds.

(15 人かそれ以上の生徒がいる場合，教師は 2 組以上の活動が同時に進行するようにする必要がある。そのことは，必ずしも受ける印象ほど難しいものではない) [最初の need は本動詞]

NB 上記はすべて話者指向用法の例で否定文である。主語指向用法も否定文で用いられるのが普通だが次例は肯定文になっている。

(i) If she wants anything, she *need* only ask. (*OALD*)
(彼女が何か欲しいのであれば頼みさえすればよい) [見掛けは肯定文だが only が否定を含意することを思い出してほしい]

Close (1981: §270) は，否定文の中で need が助動詞として用いられた場合と本動詞として用いられた場合の意味の違いを，以下のようなパラフレーズで示している。

(6) a. We *need not* stay.
(留まっていなければならないわけではない)
[We are not obliged to stay.]

b. We do*n't need* to stay.

(留まる必要はない) [It isn't necessary for us to stay.]

AHD が与えている need の，助動詞としての定義 (= to be under the necessity of or the obligation to) と，本動詞としての定義 (= to have need of; require) を比べると，「必要性」を伝える語勢は助動詞のほうが強いように思われる。上記の Close (1981) のパラフレーズからもそのような印象を受けるが，われわれ学習者にとってはすでに扱った should/must の場合と同じように，指摘されてはじめて気づくことである。

13.6.4. 過去形の法助動詞と話者の確信度

法助動詞の話者指向用法は，用いる助動詞の違いによって叙述内容に対する話者の確信度が異なる。確信度が落ちれば，疑念や不信，ためらい・気おくれ・遠慮，また穏やかな非難の気持ちなどを表現することにつながる。過去形の法助動詞 (could, might, should など) には，まさにそのような効果，すなわち，語調をやわらげたり，婉曲にぼかしたり，より丁寧な表現にしたりする効果がある。そうした表現を，(特異な shall を含め) ごく簡単に見てみる。

① 疑念・不確かさ

(1) Who *can* it be that sends me every day these beautiful flowers? (毎日この美しい花を送ってくれるのは一体誰だろう)
 [Who is it that ...? よりも強い疑念を表す]

(2) Where *can* (or *could*) he have gone?
 (一体彼はどこに行った (可能性がある) のだろうか)
 [can より could のほうが，可能性についての話し手の疑いの念やためらいの気持ちをより強く表す]

(3) Who *should* (or *can*) this stranger be?
 (この見慣れぬ人は一体誰だろう) [強い疑念]

(4) She wondered why he *should* be bringing the subject up.
(彼女はなぜ彼がその話題を持ちだすのかしらと思った)
[emotional（情緒の）'should' と呼ばれるもの]

② ためらい・遠慮

(5) I *could* wish he would be a little more considerate.
(彼にもう少し思いやりがあってくれればと思うのだが)
[I wish .... のためらった言い方]

(6) He *could* not be a bad man whose wife loved him so.
(奥さんからあれほど愛されている彼が悪い人のはずはないだろう)
[He cannot be .... よりも確信度が低い]

(7) You *might* bring me a cup of tea before prep, will you?
(準備する前にお茶を一杯持ってきてほしいんだが) [ていねいな依頼を表す。Bring me a cup of tea, will you? と同じ付加疑問が添えられているのは、それを用いないと、「持ってきてくれてもよさそうなものなのに」という非難のニュアンスを与える恐れがあるため]

 cf. You *might* shut the door properly.
   (ドアくらいちゃんと閉めたらどうだ) [不平・非難]

NB 命令文に添えられる付加疑問のニュアンスについて次のような見解がある (Blake (1988: 122))。
 (i) a. Shut up, will you?（黙ってくれるよな）[きっとした態度]
  b. Shut up, won't you?（黙ってもらえませんか）[頼み]
  c. Shut up, can't you?（黙っておれないの？）[いらだち]

③ 婉曲・丁寧

(8) It *might* be a good idea to tell him the whole story.
(彼に洗いざらい話すのがいいかもしれないよ) [提案・勧告]

(9) Since you have to wait, you *might* as well sit down and relax.（待たなければならないんだから腰をおろしてのんびりしていたほうがいいよ) [勧告]

cf. He'll never listen; you *might* as well talk to a brick wall. (彼は絶対に耳を貸そうとしない。れんがの壁に向かって話すのと同じだ)[不平・非難]

④ 話者の意志を表す shall

(10) You *shall* learn music, and forthwith all the world will be transformed for you. (音楽を学びなさい,そうしたらすぐにも全世界が全く変わって見えます)[相手に対する話者の意志を表す shall; 命令文 + and に近い (= if you learn ...)]

(11) The will provides that the estate *shall* be divided among the children. (その遺言には不動産は子どもたちに分与されるものと定められている)[契約・規則・法律文で用いる shall; 作成者 (=話者) の意志が込められている。聖書で用いられる shall も,神の権威ある意志の表れであるからこれに類する: You *shall* not bear false witness against your neighbor. (隣人に対し偽りの証言をしてはならない)(出エジプト記 20: 16)]

上で確信度という言葉を用いた。医者に診てもらうことを勧めるのに,法助動詞を用いたていねいな提案から始め,勧告・命令に至る表現,つまり話者の確信度(あるいは状況の緊急度)を表す表現を(弱→強)順に示すならば,次のようになる(安井(編)(1996))。

(12) You might [could, should, had better, must, will] see a doctor.

13.6.5. 丁寧度を高める工夫

丁寧・婉曲な表現が求められるのは物事を頼むときである。その際,いわゆる "softener"(定訳がないので「緩和語」としておく)と呼ばれる hope, wonder といった語を加えたり,助動詞を用いたりして,表現に工夫をこらす (Marques & Bowen (1983: 61))。相手に対して丁寧な態度を取ろうとすればするほど,ことば数が多くなる

のは，日本語も同じだろう。友人・知人などをパーティーに誘う言い方で丁寧度を調べてみる。

(1) Come and join us for the party. / How about joining us for the party? / What do you say to joining us for the party. / Would you like to join us for the party? / How would you like to join us for the party? / Would you be interested to join us for the party? / I'd like to invite you to join us for the party, if you want. // I hope you'll join us for the party. / I hoped [was hoping] you'd be able to join us for the party. / I wonder [wondered] if you could join us for the party. / I'm [I was] wondering if you'll [you would] be willing to join us for the party. ［過去時制のほうがより丁寧］

Lewis (1986: 71f.) は，過去形を "remote form" と呼ぶ。現在完了形が現在と何らかの関係をもつのに対し，過去形が時間的に現在から隔絶したニュアンスを伝えるための名称だが，このことは単に時間に限らず，上のいくつかの例に見られるとおり，距離を置いて改まった態度を示そうとする話者の心理面にも働いていることが分かる。

第 14 章

修辞的表現

　修辞とは，ことばを巧みに用いて美しく効果的に表現すること，またその技術のことである（明鏡）。本章で扱うものは必ずしも美しい表現とはいえないが，効果的な表現だということはいえる。

14.1. 繰り返し

　言葉の反復は通常，強調を表す。

(1) *I did* respect, *I did* admire, *I did* like you — as much as if you were my brother. (*Shirly*)（あなたを実の兄のように，本当に尊敬し，本当にすてきだと思い，本当に好きでした）
(2) *What* aim, *what* purpose, *what* ambition in life have you now? (*Jane Eyre*)（人生のどんな目標，どんな目的，どんな抱負を，いま持っているのか）
　　［上記2例は Charlotte Brontë (1816-55) の作品より；さまざまな形式の反復表現は彼女の文体の最大の特徴である］

　しかし，ジョークで用いる場合は，滑稽感をかもすための技法の一つになる。

(3) 　Faith: Belief without evidence in what is told by one who

speaks without knowledge, of things without parallel.
(信仰; 類例のないものについて知識もないのに話した人のことばを, 証拠もないのに信じること)

without の反復使用。belief in ...「... を良いと信じること」one who ... = a person who .... parallel「匹敵するもの (= person, event, etc., precisely similar (*to*) (*ALDCE*) (... ときわめて類似した人物・出来事など))」

(4) Here's to you, as good as you are, And here's to me, as bad as I am; But as good as you are, and as bad as I am, I am as good as your are, as bad as I am. (Old Scotch Toast) (君に乾杯, とてもご立派なので。次に僕に乾杯, 見ての通りだめではあるが。でも, 君はこの通りご立派で, 僕はこの通りだめだが, 僕は君と同じく立派, この通りだめだが) (スコットランド人の乾杯の言葉)

同じ語の繰り返し。しまり屋とされるスコットランド人は乾杯の時にまで異なった語の使用をけちるらしい。as は同じ節形式でありながら,「理由」,「譲歩」という異なった意味を表す: e.g. Honest *as* he was, he refused to be bribed. (正直者だったので賄賂を受け取ることを拒否した) [理由] / Tired *as* she was, sleep did not come to the frightened girl. (そのおびえきった女の子は疲れてはいたが, なかなか寝つかれなかった) [譲歩]。なお, 上の乾杯の言葉は4行詩形をなし, 文中の大文字は行頭にくる。

　スコットランド人といつも引き合いに出されるアイルランド人の乾杯の言葉を載せなければ, 不公平になるだろう。

(5) When we drink, we get drunk. When we get drunk, we fall asleep. When we fall asleep, we commit no sin. When we commit no sin, we go to heaven. So, let's all get drunk, and go to heaven! (飲めば酔う。酔えば眠りに落ち

る。眠りに落ちれば罪を犯さない。罪を犯さなければ天国へ行く。ゆえに，みんなで酔っ払って天国へ行こうではないか）

次のように同じ語を繰り返し用いた文は，統語的な読みが正しくできているかどうかの試金石になる。

(6) Give a little space between king and and and and and queen. (king と and の間，また and と queen との間に，少し間隔をあけなさい）[ローマ字綴りの語は単なる記号]

(7) A canner can can anything he can can, but he cannot can a can, can he? (缶詰め業者は可能なものは何でも缶詰めにできるが，缶を缶詰めにはできないでしょう？）

(8) I think that that that that that writer used is wrong.
(その作家が用いたその that は不適切だと思う）
[3番目と5番目の that は強勢を受ける]

14.2. 描出話法

(1) One day Tony's girlfriend wrote to him to say their friendship was off and could she have her photograph back? Tony sent her a pile of pictures of different girls with the message: I can't remember what you look like. Could you please take out your photo and return the rest?

（ある日，トニーのガールフレンドが，ふたりの友情は終わったことを伝えるとともに，自分の写真の返却を求める手紙をトニーに書いてきた。トニーはその子に，様々な女の子のたくさんの写真を送ったが，次のようなメッセージを添えた：「そちらがどんな人だったか思いだせません。そちらの写真を抜き出して残りを送り返してくれませんか」）

off「(関係・縁が) 切れて，なくなって」第 1 文を間接話法で表すと，wrote to him to say ... off and asked if <u>she could</u> have her photograph back となり，直接話法で表すと，wrote to him to say, "Our friendship is off. <u>Can I</u> have my photograph back?" となる。原文は，代名詞と時制が間接話法に，語順が直接話法に沿っている。このような直接話法と間接話法の中間的話法を描出話法 (represented speech) [Jespersen の用語] と呼んでいる。the rest「《複数扱い》残り，その他の人たち [もの] (the others)」描出話法は精彩に富み，読者を発話者の気持ちに近づける効果がある。

(2) Paddy worked on a building site and one day a slate came down from the roof and cut his ear off. Paddy and his workmates tried to locate his ear in the muck and dirt, etc. An ear was found and Paddy was asked Is This Your Ear? Paddy says No, Mine had a pencil on it!
(パディーが建築現場で働いていると，ある日屋根からスレートが落ちてきて片方の耳を切断した。パディーと仕事仲間は泥やゴミなどの中を，耳を探し出そうとやっきになった。耳が見つかってパディーは尋ねられた。「こいつは君の耳か？」「いや，おれの耳には鉛筆が挟んであったんだ」)

a building site「建物の敷地，建築現場」locate「探し出す」muck and dirt「泥やゴミ」cf. have a pencil *behind* one ear (一方の耳に鉛筆をはさんでいる)。最後の部分を間接話法で表すと Paddy was asked if that was his ear. Paddy denies and says that his had a pencil on it. となり，直接話法で表せば，Paddy was asked, "Is this your ear?" Paddy says, "No, mine had a pencil on it!" となる。本例は，punctuation marks (句読点) を無視した直接話法と解してよい。ジョークでは，comma, quotation marks, capitalization (大文字使用) 等はかなりいい加減な使い方をする。says は歴史的現在 (→ 13.3.)。

話法といえば，次のような表現があることも知っておくべきである。

(3) Finding that she was mistaken, she *blessed herself*.
(彼女は自分が間違っていることを知って，あら大変，と<u>言った</u>)
[← ..., she cried, "Bless me!"]

(4) He *excused himself* shortly afterward and left the party.
(すぐそのあとで彼はお先に失礼すると<u>言って</u>パーティーを退席した) [← "Excuse me," he said ....]

(5) Did you say have I been to Thailand?
(私がタイへ行ってきたかとお尋ねになったの？)
[＝問い返し疑問文 (echo question)]

14.3. 外位置

ある語句を文自体から独立した位置に置き，その代わりとして文中に代名詞を置く表現法がある。その際に，文の外に出た主語と同格の語句を外位置という。話し言葉で多く見られる。実際の例を法廷でのやりとりで見る。

(1) Q: You say the stairs went down to the basement?
    A: Yes.
    Q: And *these stairs*, did they go up also?
(「階段は下の地下階へつながっていたというんですね」「はい」「その階段ですが，それは上へも上るようになっていましたか」)

うっかり判事のことば。basement「地下階，構造物の最下部」。3行目の文の伝える意味は，"And did these stairs go up also?" (この階段は上にも上るようになっていたか？) と，同じである。ただし，話者の意識に強くあるのは these stairs であって，それゆえにその語をまず持ち出し，そのあとでその語の持つ統語的役割を文中の代

名詞 (they) に担わせているのである。表現形式だけからいえば，文中の名詞句 (these stairs) を話題化するため文頭に移し (左方転移 = left dislocation)，名詞句が元あった位置に代名詞 (they) を残すことによって得られた文である: e.g. *Charles Dickens*, he was a great novelist! (チャールズ・ディケンズ，彼こそはすぐれた小説家でした)。

逆に，文中の名詞句を文末へと移動し，名詞句が元あった位置に代名詞を残す右方転移もある。この場合も，話者の意識の中に際立っているのはやはり名詞句であって，まず代名詞を用いて完全な文の形式を整えてから，名詞句を追加するという手法である。

(2) 'Tis a lesson you should heed, *try, try again*. If at first you don't succeed, try, try again. (何度も何度もやってみる，それが心に留めるべき教訓だ。最初うまくいかなかったら，何度も何度もやってみなさい) [米国の教育者 Thomas H. Palmer (1782-1861) が，生徒が宿題をやりとげるのを励ます言葉として，教師用マニュアルで用いたもの。'Tis = It is]

根っこにあるのは，'"Try, try again" is a lesson you should heed.' という文で，"try, try again" を一つの名詞句と見立てている。右方転移によって得られた (2) のほうは代名詞先行のため，聞き手に期待感を持たせるという効果がある。このような右方転移 (right dislocation) の例を 2, 3 挙げる。

(3) *She* was wonderful, *the lady* who played the piano last night. (すばらしかったよ，昨晩ピアノをひいた婦人は)
(4) *It*'s delicious, *this coffee*.
 (これおいしいね，このコーヒー)
(5) *It* is the ideal place in which to think, *a railway carriage*.
 (ものを考えるには理想的な場所だ，列車というのは)

次の右側の文も一種の右方転移である。

(6) That John is a thief is likely. → *It* is likely *that John is a thief.* （ジョンは泥棒らしい）

上記の諸例で見た斜字体の名詞句が「外位置（extraposition）」[Jespersen の用語] と呼ばれるものである。

14.4. 交差配列法

"What is the difference between …?" の形式の謎々がある。その答えの中でよく用いられる修辞法が交差配列法（chiasmus）である。同一または類似の語句を繰り返す際に，2回目には1回目と逆の順序に語句を配列することをいう。2回目にできた語句配列を元のものの真下に置くと，ギリシャ文字 χ (chi) のような形を呈するために，*khiasmos* (= placing crosswise （交差するように置く）) という語から，この名称がつくられた。この表現法のおもしろさを日本語訳で表すのは至難の技である。

(1) "What is the difference between a hungry girl and a greedy girl?"
"One longs to eat and the other eats too long."
（「腹ペコの女の子と欲張りな女の子の違いは？」「前者はしきりに食べたがり，後者は長々といつまでも食べる」）
[cf. [longs — to — eat] vs. [eat — too — long]]

(2) "What is the difference between a soldier and a young lady?"
"One faces the powder, the other powders her face."
（「兵士と若い婦人の違いは？」「前者は火薬に敢然と立ち向かい，後者は顔におしろいをつける」）
[cf. [faces — powder] vs. [powders — face]]

交差配列法は警句・名言録によく登場する。

(3) Mirrors reflect without speaking and women speak without reflecting. (鏡は物を言わずに映し出し，女性はよく考えずにものを言う) [cf. [reflect — speaking] vs. [speak — reflecting]]
(4) We've got what it takes to take what you've got. (On a garbage truck) (当方は，そちらが持っているものを運ぶのに必要なものを持っています)(ごみ収集トラックに書かれた標示)
[['ve got — take] vs. [take — 've got] が交差配列]

この表現は，take と have got が目的語としてとることのできる共通の名詞であれば，さまざまなシチュエーションで応用できる。たとえば，take sb's fingerprints (人の指紋を採る) の場合は，「当方は，そちらが持っているもの (指紋) を採るのに必要なもの (器具) を持っています」というふうに。同じ表現を，国税局が使うとすれば，「国税局：諸君が物にしたものを奪うために必要とするものはわれわれの手中にある」となる。「必要とするもの (what it takes)」とは，徴税するための時間・費用・人的資源等のこと。

(5) Be who you are and say what you feel, because those who mind don't matter and those who matter don't mind.
(Theodor Seuss Geisel [www.quotedb.com])
(あるがままの自分でいなさい，そして思うことを話しなさい。気にする者たちは大した人間ではないし，大物たちはそんなことを気にしないから) [cf. [mind — matter] vs. [matter — mind]]
(6) During the Samuel Johnson days they had big men enjoying small talk. Today we have small men enjoying big talk. (Fred Allen [www.brainyquote.com])
(サムエル・ジョンソンの時代には大物が世間話を楽しんでいた。こんにちでは，ケチなやつらが大言壮語を楽しんでいる)
[cf. [big men — small talk] vs. [small men — big talk]]

they「世間 (の人たち)」small talk「世間話，雑談」〈big [small]

men enjoying⟩ はネクサス目的語。

14.5. さまざまな目的語

14.5.1. 手段の目的語

(1) As he was walking along the street the minister saw a little girl trying to reach a high door knocker. Anxious to help, he went over to her. 'Let me do it, dear,' he said, rapping the knocker vigorously.
'Great,' said the little girl. 'Now run like hell!'
(牧師が通りを歩いていると、女の子が高いところにあるノッカーに手を伸ばそうとしているのが目に入った。手を貸してやろうと思い、女の子に近づいた。「お嬢ちゃん、私がして上げましょう」と言って、ノッカーでドアを激しく打ちたたいた。「すごーい。さあ、必死に逃げるのよ！」)

いたずらをするのは男の子とは限らない。Anxious to help = (Being) anxious to help「助けてやりたいと思って」分詞構文の Being を省略した形。be anxious to ～「(～を) したがる、(～することを) 切望する」rap = to strike (a fist, stick, etc.) against (something) with a sharp quick blow. rapping the knocker = and rapped the knocker (on the door) [分詞構文であり、( ) を補って読む]。like hell「《口》死に物狂いで、必死に」

　動詞 rap を含む次の (a), (b) 二つの表現を比較してみる。

(2) a. He rapped the door with his cane.
　 b. He rapped his cane on the door.
　　(杖でドアをコツコツとたたいた)

　rap には「(ドアや、床や、体の一部などを) コツコツとたたく」のように、(a) 叩かれる対象を目的語にとる用法と、「道具を使って

(... を) コツコツとたたく」ときの (b) 道具を目的語にとる用法とがある。(b) のように, 動詞の示す動作の手段または媒介物が目的語になるとき, これを手段の目的語 (instrumental object) という。

(3) He struck *his hand* upon his knee. = He struck his knee with his hand. (彼は手で膝を打った)
(4) He was smoking *his pipe*. = He was smoking tobacco in a pipe. (彼はパイプを／タバコをくゆらしていた)
(5) He pointed *his forefinger* at Arthur.
  (彼は人差し指でアーサーを指した)
  [cf. She pointed *with her thumb* in the direction of the sea. (彼女は親指で海の方向を指した)]

14.5.2 換喩的目的語

(1) C: Waiter, this egg is bad.
  W: Don't blame me, sir, I only laid the table!
  (「この卵は腐ってるぞ」「お客様, 私の責任ではありません。私が lay したのは table で, egg ではありません」)

lay an egg (卵を産む) という場合, lay するのは egg であるのに対し, lay the table (食卓の用意をする) という場合, lay するのは tablecloth, napkin, knives, forks, spoons, salt shaker などであって, table そのものではない。このように, 動詞の表す動作の影響を被るものを目的語として示さず, これと密接な関係を有する他のある物で示す目的語を, 換喩的目的語 (metonymic object) という。日本語の例:「風呂を沸かす (heat the bath)」,「頭を刈る」,「黒板を消す (erase the blackboard)」では, 動詞の影響を直接受けるのはそれぞれ「風呂の水」,「髪の毛」,「黒板に書かれた文字など」であって, 風呂や頭や黒板ではない。上例のうち 2 例は ( ) で示したように, 英語でも同じ表現をする。その他, He wiped off *the table*. (彼はテーブルを拭い(てほこりを取っ)た) がある [(*the dust* とすれば通常の目的語)]。

14.5.3. 結果の目的語

(1) Q: How many firemen does it take to change a light bulb?
    A: Four. Three to cut a hole in the roof and one to change the bulb.

（「電球を取り替えるのに消防士は何人必要か？」「4人。屋根に穴をあけるのに3人，電球を取り替えるのに1人」）

無数にある light bulb jokes の一つ。消火活動において屋根に放水用ホースを入れるために穴をあけることがある。「穴をあける」という表現は何の疑いもなく使っているが，よく考えてみると，おかしい。穴はもともと開いているものだから。このように，動詞の動作の結果生じる事物を示す目的語を，結果の目的語 (object of result) と呼んでいる。e.g. cut a *hole* in [into] a piece of cloth (布地に穴をあける), dig a deep *hole* in the ground (地面に深い穴を掘る), bake a *cake* (ケーキを焼く), knead *dough* (練り粉をこねる), write a *letter*, etc. 日本語の例：湯を沸かす，火をおこす，ご飯をたく，家を建てる等（井上(編) (1967) を参照）。

14.6. 疑問文の機能

情報を求めることだけが疑問文の機能ではない。形は疑問文でありながら，聞き手の応答を期待しない疑問文もある。下の最初の2例がそれで，修辞疑問 (rhetorical question) という。

(1) When have I ever told a lie?
    （私がいつうそを言いましたか）[I have never told a lie. の感情的

な表現で，相手の答えを期待していない]
(2) Did we ever hear of a thing like that?
(そんなことって聞いたことある？ (ないよね)) [修辞疑問]

疑問文には上記のようなもののほかに，[　]内に示すようなさまざまな機能 (function) がある。

(3) What do you say to cutting the lesson of music?
(音楽の授業をさぼらない？) [提案]
(4) Where is your spelling?
(スペリングがなってないじゃないか) [非難]
(5) Will you do me a favor?
(お願いがあるのですが) [懇請]
(6) Do you mind if I turn off the TV?
(テレビを消してもいいですか) [許可を求める]
(7) Will you take me to the International Hotel? (to a taxi driver) (インターナショナル・ホテルへお願いします) [指示]
(8) Dinner Lady: It's very rude to reach over the table for cakes. Haven't you got a tongue in your head?
Pupil: Yes, but my arms are longer.
(「テーブル越しに手を伸ばしてケーキを取ろうとするのは，行儀の悪いことよ。舌を持っていないの？」「持っているけど，腕のほうが長いです」)

dinner lady「《英》学校の給食係の婦人，給食のおばさん」reach for ...「...を取ろうと手を伸ばす」最初の疑問文: Haven't you got a tongue in your head? は，字義どおりには「君の口に舌はないの？[質問]」であるが，給食のおばさんは生徒に，舌があるかないかを問うているのではない。一歩進んで，「君は言葉を話せないの？」と言っているのである [lose one's tongue (口がきけなくなる) に見られるように，tongue は話す能力の象徴としての舌を表す]。こ

れをさらに進めれば,「ケーキを取ってちょうだいと,口を使って言ったらどう？（すなわち,言いなさい［提案・命令］)」という意味である。生徒はそのことを先刻承知の上で,上のように答えた。故意に字義どおりに解釈し,相手から一本取ったのである。

　いま見たように,ある言語表現（上では,疑問文）と,それを用いる使用者や文脈（話し手の置かれた状況や社会・文化的背景などのコンテクスト）から実際に生まれる意味との関係を研究する領域を,語用論 (pragmatics) と呼ぶ。ジョークは語用論に格好の材料を与えてくれる。

あ と が き

　英語を外国語として学んでいるわれわれ日本人にとって，英文法の学習は不可欠である。そこでかねてから，ジョークを素材とした文法の参考書ができないものかと，用例を集めていたが，結局無理であることに気づいた。一つは，文法の基礎事項はあまりにも多すぎて，そのすべてを網羅するジョークを集めるのは不可能であること，もう一つは，基礎的な英語の学習段階ではジョークを理解するのは困難であり，たとえ注釈をつけたとしても，学習者はジョークを理解することに脳力が消耗され，肝心の英語学習の面がおろそかになってしまう，ということである。

　そこで，これはと思う文法事項を少数に絞り，やや高い段階まで進んだ学習者に，文法事項のうちでも特に読みに関する事項を精選し，所々にジョークを配して，読解力をつけるための英文法読本として提供することにした。第 1, 3, 7, 10 章は特に力を注いだつもりである。たとえば第 3 章のクジラの構文であるが，これは文字どおり再考した。本書のように，程度を表す相関表現に関連づけて，また程度の差を表す副詞の並列関係という視点から，当該構文を扱ったものはないのではないかと思う。(このような物言いをするといつでも思い出すのが，ハムレットのことば，"There are more things in heaven and earth ... than are dreamt of in your philosophy." (天地には自分の学問では考えも及ばないことがたくさんあるのだ) である。剣呑剣呑。)

　もう一つ，「時」を表す接続詞 as については，従来から内外の辞書の用法説明・例文に不満を感じていたので，不十分ながらも目にとまった用例を示し，筆者なりの説明を加えた (9.3 節)。今後の辞書の記述や用例の選択に幾分かでも役立つことを期待したい。

　本書を一読した後，基礎的な英文法の参考書に目を通すなら，い

ままでとは違った見え方がするかもしれない．無味乾燥と思われていた基礎的な事項一つ一つが，とてつもなく広大な英語という言葉の世界を支える重要な骨組みであることを，再認識するのではないだろうか．

　「面白くて役に立つ本」を提供したいとの思いは出版社も著者も同様である．筆者もそのための努力を惜しまなかったつもりではあるが，なにしろ浅学菲才の身，出来栄えはいささか心もとない．東京大学で英文学を講じた夏目漱石は文学者であったから，本書のような語学書を執筆するはずもないが，仮にそうしたとすれば，きっとこのようなことを言ったことだろう．「筆を進めながらこう考えた．面白さをねらえば有用さが失われる．有用さを追求すれば面白味がなくなる．とかく英文法というものは厄介だ」．

　漱石の仮想のアポロギアを己の言い訳にして，ここで筆を擱く．最後に，必ずしも読みやすくはない本書を辛抱して読んでくださった読者には深甚の敬意を表し，本書の出版に原稿の段階から終始骨折ってくださった開拓社の川田賢氏には心からの感謝を申しあげる．

引用・参考文献

A. 辞　書

Cambridge Advanced Learner's Dictionary, Cambridge University Press, 2003. (*CALD*)

Longman Dictionary of Contemporary English, Longman Group Limited, 1986. (*LDCE*)

Longman Dictionary of the English Language, Longman Group Limited, 1985. (*LDEL*)

Longman Dictionary of Phrasal Verbs, Longman Group Limited, 1983. (*LDPV*)

Oxford Advanced Learner's Dictionary, Oxford University Press, 2005. (*OALD*)

Oxford Dictionary of English, Oxford University Press, 2003. (*ODE*)

Oxford Dictionary of Current Idiomatic English, Oxford University Press, 1985. (*ODCIE*)

The Advanced Learner's Dictionary of Current English, Kaitakusha, 1963. (*ALDCE*)

The Concise Oxford Dictionary of Current English, Oxford University Press, 1956. (*COD*)

The General Basic English Dictionary, Evans Brothers Limited, 1960. (*GBED*)

The New Oxford American Dictionary (2nd ed.), Oxford University Press, 2005. (*NOAD*)

The Oxford English Dictionary, Oxford University Press, 1978. (*OED*)

Webster's New World Dictionary of the American Language (col. ed.), The World Publishing Company, 1962. (*WNWD*)

市河三喜(編)(1953)『研究社英語学辞典』研究社, 東京.

市川繁治郎(編)(1995)『新編英和活用大辞典』研究社, 東京.（活大辞）

井上義昌(編)(1967)『詳解英文法辞典』開拓社, 東京.

大塚高信・小林清一・安藤貞雄(編)(1986)『新クラウン英語熟語辞典』三

省堂，東京.

大塚高信・高瀬省三(編) (1989)『英語諺辞典』三省堂，東京.

北原保雄(編) (2002)『明鏡国語辞典』大修館書店，東京.（明鏡）

郡司利男(編) (1967)『英語学習逆引辞典』開文社，東京.

小稲義男(編) (1984)『研究社新英和大辞典』研究社，東京.（新英和大）

小西友七・南出康世(編) (2001)『ジーニアス英和大辞典』大修館書店，東京.（ジーニアス大）

斎藤秀三郎 (1937)『熟語本位英和中辞典』岩波書店，東京.（斎藤英和）

小学館ランダムハウス英和大辞典編集委員会(編)（初版，1979: 第2版，1994)『ランダムハウス英和大辞典』小学館，東京.（ランダム）

田桐大澄(編) (1970)『英語正用法辞典』研究社，東京.

松田徳一郎・東 信行ほか(編) (1999)『リーダーズ英和辞典 第2版』研究社，東京.

松田徳一郎・高橋作太郎ほか(編) (1994)『リーダーズ・プラス』研究社，東京.

安井 稔(編) (1996)『コンサイス英文法辞典』三省堂，東京.

B. 著 書

Allsop, Jake (1987) *Cassell's Students' English Grammar*, Cassell Publishers Limited, Eastbourne.

安藤貞雄 (1985)『英語教師の文法研究』(正・続)，大修館書店，東京.

Blake, N. F. (1988) *Traditional English Grammar and Beyond*, Macmillan Publishers Ltd., London.

Bolitho, Rod and Brian Tomlinson (1988) *Discover English*, Heinemann International Publishing, Oxford.

Chalker, Sylvia (1984) *Current English Grammar*, Macmillan Publishers Ltd., London.

Close, R. A. (1975) *A Reference Grammar for Students of English*, Longman, London.

Close, R. A. (1981) *English as a Foreign Language*, George Allen & Unwin, London.

原沢正喜 (1957)『現代口語文法』研究社，東京.

羽柴正市 (1968)『性・人称・代示表記』研究社，東京.

早川武夫 (1972)『法律英語の常識』日本評論社，東京.

Hirst, Graeme (1987) *Semantic Interpretation and the Resolution of Ambiguity (Studies in Natural Language Processing)*, Cambridge University Press, Cambridge.

細江逸記 (1926)『英文法汎論』泰文堂，東京．

Huddleston, Rodney (1988) *English Grammar: an Outline*, Cambridge University Press, Cambridge.

Hurford, James R. and Brendan Heasley (1983) *Semantics: A Coursebook*, Cambridge University Press, Cambridge.

池田義一郎 (1967)『否定・疑問・強意・感情の表現』研究社，東京．

石橋幸太郎 (1956)『英文法ところどころ』研究社，東京．

一色マサ子 (1968)『修飾(上)』研究社，東京．

伊藤健三 (1968)『心態の表現』研究社，東京．

Jespersen, Otto (1954) *A Modern English Grammar on Historical Principles*, 7 vols., George Allen & Unwin, London.

Jespersen, Otto (1956) *Essentials of English Grammar*, George Allen & Unwin, London.

Kess, Joseph F. and Yoshihiro Nishimitsu (1989) *Linguistic Ambiguity in Natural Language: English and Japanese*, Kurosio, Tokyo.

Kurdyla, Francis J. (1986) *Dictionary of Proven Business Letters*, Asahi Press, Tokyo.

Leech, Geoffrey N. (1971) *Meaning and the English Verb*, Longman, London.

Lewis, Michael (1986) *The English Verb*, Language Teaching Publications, Hove.

Marquez, E. J and J. D. Bowen (1983) *English Usage*, Newbury House Publishers, New York.

宮田幸一 (1970)『教壇の英文法――疑問と解説』研究社，東京．

村木正武・斎藤興雄 (1978)『意味論』研究社，東京．

中島文雄 (1956)『英語の常識』研究社，東京．

中島文雄 (1980)『英語の構造』(上・下)，岩波書店，東京．

西尾 考(編著) (1984)『実戦英文法活用事典』日本英語教育協会，東京．

大沼雅彦 (1968)『性質・状態の言い方／比較表現』研究社，東京．

太田 朗 (1983)『否定の意味』大修館書店，東京．

Perkins, M. R. (1983) *Modal Expressions in English*, Francis Pinter,

London.

Randolf Quirk, Sidney Greenbaum, Geoffrey Leech and Jan Svartvik (1985) *A Comprehensive Grammar of the English Language*, Longman, London.

斎藤武生・原口庄輔・鈴木英一(編) (1995)『英文法への誘い』開拓社, 東京.

田中茂範 (1987)『基本動詞の意味論: コアとプロトタイプ』三友社出版, 東京.

Thomson, A. J. and A. V. Martinet (1988) *A Practical English Grammar*, Oxford University Press, Oxford.

八木克正 (1987)『新しい語法研究』山口書店, 京都.

安井稔・中右実・西山佑司・中村捷・山梨正明 (1983)『意味論』大修館書店, 東京.

吉川美夫 (1952)『新英文解釈法』文建書房, 東京.

Yule, George (1985) *The Study of Language*, Cambridge University Press, Cambridge.

索　引

1. 見出し語は ABC 順に分け，それぞれの項で日本語・英語の順に並べた。日本語は五十音順に，英語は ABC 順に並べてある。
2. 数字はページ数字を示す。ただし，ドット付き数字は章節番号を示す。
3. f. = 次のページ，ff. = 次のページ以降，fn. = 脚注，を意味する。

[A]

アスペクト　4, 174
a/an　89（特定を表す）
A is to B what X is to Y.　42
A or B and C　121（分析）
Aberdeen　75
adverbial accusative →副詞的対格
adverbial adjunct →副詞的付加詞
ain't　150
all one's life　148（両義）
all the way　65
also　91（焦点化副詞）
ambiguous　137, 155
amphibology →両義構文
anaphoric →前方照応的
and　168（応答詞）
and/or　121f.（発音・意味・定義）
anticipatory *there*　96
anxious　80（その補語）
apo koinou →共有構文
appositive clause →同格節
argument →項
as　9.3.（限定形容詞節を導く），185（理由・譲歩）
at rest　170
attaché case　75（定義）
attributive use →限定用法

[B]

バツ印（×）　12.6.
描出話法　14.2.
分詞形容詞　3f., 19
分詞前置詞　108
文否定　51, 92, 151
分離不定詞　25ff.
分裂文　159
bake a cake　194
basement　188
be a long time coming　12
be all about　8.7.
be apt to　77f.
be busy 〜ing　13
be dying for N to 〜　66
be + 〜ing　10f.（意味）
be known [as, to, ..., etc.]　103f.
be marked down　144

203

be ready to　78(両義)
before　101(前置詞・副詞・接続詞), 117(can/couldとの共起)
belief in　185
bless oneself　188(間接話法で)
blimey　150
blow　17(楽器), 100(～ down)
but　167f.(緩衝語)

[C]

Caledonian　169
call up　158
cannibal　149
capitalization　187
cast = plaster　16
castor oil　63
cataphoric →後方照応的
catenative verb →連鎖動詞
celebrity　126(滑稽定義)
chiasmus →交差配列法
choice relation →選択関係
chunk　71, 106
cleft sentence →分裂文
come what may　28
comfort　3(他動詞としての語法)
common case →通格
common gender →通性
compete　3(語法)
complement →補文
concord →呼応
contact clause →接触節
contraction　114
could do with　167

credit　24(定義)
crosses　163(X'sの発音)
cut a hole　194

[D]

代用関係副詞 that　134
段階的形容詞　82
段階的動詞　82
談話標識　166(well)
同格節　134(同格になる名詞)
同綴同音異義語　148
導入の 'there'　96
動名詞の意味上の主語　67f.
独立分詞構文　69
独立用法　85ff.(enough), 87 (too)
damned　112, 158
dear　5
dense　128
deontic use →義務的用法
deuce, the　162(反語)
dig a hole　195
discourse marker →談話標識
dose　63
double negation →二重否定
down　65(= along)
dustman　17

[E]

echo question →問い返し疑問文
editorial 'we' →主筆の we
emotional 'should'　181
enough　85f.(相関用法／独立用

法), 86(名詞か副詞か)
epistemic use →認識様態的用法
epithet 147
even 91(焦点化副詞)
ex- 66(接頭辞)
excuse me 168(but と共に)
excuse oneself 188(間接話法で)
expanded tense →拡充時制
extraposition →外位置

[F]

付加疑問 181
副詞＋with 7.7.(＝命令)
副詞的対格 136
副詞的付加詞 59
付帯状況の with 58, 5.3.
不定冠詞 89(特定を表す)
不特定の they 145
不変化詞 100f.
フルネーム 162
fairly 84
familiar 79(to, with)
feedback 115(滑稽定義)
flat adverb →単純形副詞
focusing adverb →焦点化副詞
for 105f.(多義)
for N to ～ 2.2.2., 66
fruit fly 170
full name 162(滑稽定義)
function 195
fuzzy 1.4.1-2.(境界線上の)

[G]

外位置 14.3.
含意 85, 90(only)
義務的用法 175fn.
群前置詞 8.3.
原形不定詞 21, 60
現在進行形 8ff.(未来の意味)
現在分詞 1.4.1.(動名詞との境界型), 1.4.2.(主格補語か分詞構文か), 1.4.3.(動名詞との違い), 61, 65(ネクサスの一部)
限定用法 72f.(形容詞の位置による意味の違い)
語否定 51, 151(no の場合)
語用論 196
gasp 116
get ～ing 148(～し始める)
gradable adjective →段階的形容詞
group preposition →群前置詞
grumpy 153f.

[H]

発話行為 11
反語法 12.4.
判じ物 164
非因果関係を表す if 節 113
非段階的形容詞 33, 82
非段階的動詞 82
非断定的 90
否定疑問文 13.5.1.(感情表現), 172(肯定疑問文と比較)

否定辞×比較級の意味　4.3-4.4.
副詞的付加詞　59
不定詞の意味上の主語　5.4.1.
不特定の they　145
並列関係　16, 31, 121
法　13.6.1.
法助動詞　13.6.2.-4.
方面指定の不定詞　21ff.
補文　31, 37f.(than 節)
hang around (with)　22 (構造分析)
have a hard time doing　12
have+O+C 構文　58ff.
have+O+〜en　62f.
have+O+〜ing　61
have+the 抽象名詞+to 〜　16
headword　55, 70, 72
hell, the　158(文頭で)
historical present →歴史的現在
homonym →同綴同音異義語
homophone →異綴同音異義語
housework　131(滑稽定義)
How about …?　105, 158, 183
how come [S+V]?　9
humanity　67

[I]

イディオム読み　149
異綴同音異義語　148
異分析　164
意味上の主語　20, 24, 5.4.(準動詞の)
if　9.1.(修辞条件・非因果関係)

imperative mood →命令法
impossible　151(両義)
in　63(手段・材料)
in front of　106(両義)
in the company of　68
indicative mood →叙実法
infinitive of specification →方面指定の不定詞
instrumental object →手段の目的語
introductory *there*　96
inversion →倒置
Irish bull　91
It is … (for N) to 〜　128
It is … 〜ing　1.5.
It is … that　19, 159

[J]

字義読み　149
時制　120(現在), 169(の一致), 174, 187(話法の中の)
自動詞　1
ジャンクション　56f.
準動詞　66
除外の than　47, 54
叙実法　173f.
叙述用法　72f.(形容詞)
叙想法　167, 173f.
Jespersen　5, 23, 57, 136, 187, 190
junction →ジャンクション
just　162(反語)

[K]

拡充時制　5
確信度　182（助動詞）
過去進行形　1.3.1.
仮定法　→叙想法
仮定法過去　44
関係詞節　123f., 129f., 132, 136
関係代名詞　133f.（関係副詞との違い）
関係副詞　131ff.
緩衝語　13.2.（and と but）
慣性の法則　170
間接話法　187
換喩的目的語　14.5.2.
完了相　4
既知情報　95
疑問文　195（機能）
共有構文　127
句　57fn.（変形文法における）
クジラの構文　3.1.
句動詞　101（そのパターン3種）
くびき語法　169
経験受動態　59, 63
形式主語構文　19, 128
形式目的語　22, 66
形式目的語構文　129f.
形容詞　75（配列順序），6.3.（叙述用法の補語）
形容詞＋前置詞句（PP）　78f.
形容詞＋that 節／wh 節　79
形容詞＋to 不定詞句　77（深層構造）
形容詞句　57, 106, 138, 153
系列関係　16
結果の目的語　194
項（argument）　139fn.
交差配列法　14.4.
後置修飾　76
構文解析　4, 101, 128
後方照応的　143
呼応　124, 171
呼格　174
keep ... down　149
knead dough　194

[L]

lashings of　71
lay one's hands on　169
lay the table　193
left dislocation　→左方転移
license plate　164
lie through one's teeth　106
like hell　192
little less than　54
little more than　54
locate　187
look forward to　67
lore　15
Lotus　164

[M]

未来進行形　1.3.2.（事の成り行き）
名詞（句）＝接続詞　114
名詞句　6.1.（その構造）
名詞表現　16（vs. 形容詞表現）

命令法　174
目的語繰り上げ変形　21
目的語指向的　139f.（PP の）
make　2（自／他動詞）
may (not)　176
medicine cabinet　18
mental inertia →心的慣性
metanalysis →異分析
metonymic object →換喩目的語
missionary　149
mood →法
more than　12.3.（強意）
more than enough　161（両義）
muck and dirt　187
mum　5
must　97, 177(should との違い)
must have ～en　17, 174
my dear　148
my dear boy　169

[N]

二重制限　130（構造），136（接触節で）
二重否定　150
二重読み　106, 148
認識様態的用法　175fn.
人称代名詞　143
ネクサス　20, 24, 56, 58, 64, 66ff.
ネクサス目的語　57f., 67, 192
natural history　19
nature　135
need not　13.6.3.（意味）
nexus →ネクサス

nexus object →ネクサス目的語
no　150（二重否定で），151（語／文否定），172（肯定の応答で）
no less than　45, 48
no less ... than　50f.
no more than　45, 47
no more ... than　3.1-3.3., 48
no ... what(so)ever　153
non-assertive →非断定的
none of your business　154
none the wiser　54
none the worse (for)　54
non-gradable adjective →非段階的形容詞
not　92ff.（焦点化副詞，作用域）
not ... either　124（肯定文の後で）
not less than　45, 48
not less ... than　49f.
not more than　46f.
not more ... than　41
nothing less than　51ff.（意味と語類判定）

[O]

往来発着の動詞　8
大文字使用　63, 185, 187
oath　156, 158
object of result →結果の目的語
object-oriented →目的語指向的
Oh my!　15
one of those Ns who　124
only　29（倒置），88f.（焦点，作用域），179（否定を含意）

over 81, 100(前置詞か副詞か)

[P]

paradigmatic relation →系列関係
parallel 119, 185
parsing 4, 52, 70(長い名詞句), 80, 126(連鎖関係詞節), 128, 131, 138, 155
participial adjective →分詞形容詞
particle →不変化詞
past 18(cf. passed)
personalize 164
phrasal verb 99ff.
polls, the 24f.(定義, 滑稽定義)
PP 137ff., 153
pragmatics →語用論
predicative use →叙述用法
preparatory *there* →予備の 'there'
prepositional phrase →前置詞句
progressive aspect →進行相
prosperity 24(滑稽定義)
punctuation marks 187
purse up one's lips 17

[Q]

quaint 148
qualification 153(両義)
Quirk 6, 33, 49, 93, 112
quite 82f.

[R]

リズム 26
両義構文 152, 154f.
歴史的現在 13.3., 187
連結 56(junction)
連鎖関係 154
連鎖関係詞節 10.2.1.(構造)
連鎖動詞 141
論理的主語 23f.
論理的目的語 22ff., 28
rap 192(定義, 手段の目的語)
rather 83f.
reach for 195
rebus →判じ物
receptive 68
redneck 2, 14, 106
referent →指示対象, 119
relative clause →関係詞節
remote form 183
report card 144
represented speech →描出話法
rhetorical question →修辞疑問
right dislocation →右方転移
run down 58, 167(両義)

[S]

再帰代名詞 12.1.(再帰用法／強意用法)
最終予期項 139
左方転移 189
作用域 85(否定の), 88(onlyの), 92(notおよびoftenの), 93,

175(助動詞の)
指示対象　142ff.
指示代名詞 that　145f.
修辞疑問　161, 194f.
修辞条件の if 節　111f.
主格補語　17
主語指向的　139f.(PP)
主語指向用法　175f.(法助動詞)
手段の目的語　192
主筆の 'we'　24
主要語　70f.
小節　57
焦点　50, 88(作用域の中の), 90, 92ff.(not の), 159(焦点構文の), 175ff.
焦点化副詞　88(only), 91(only 以外), 92ff.(not)
焦点構文　95, 159f.(焦点になる語類)
小動詞　63(with), 106f.(さまざまな前置詞)
進行形　4ff.(その意味)
進行形不定詞　8
進行相　4
新情報　96
心的慣性　169ff.
真目的語　66
接触節　136
接頭辞　105(動詞・形容詞の)
先行詞　28, 124, 128ff.
先行の 'there'　96
選択関係　16
選択制限　3fn.
前方照応的　143

相関的程度副詞　85
相関表現　30, 85
相関用法　31, 85(enough), 87
遡及不定詞　23f., 28
Sandy　75
say to ～　154(～せよと言う)
scope →作用域
Scotch Toast　185
scoutmaster　62
see　9(進行形)
selectional restriction →選択制限
send over　100
shall　182
show sb around　116
sit　65(定義)
sit around　17, 124
sleeping pills　18(両義)
small clause →小節
smell　1(自／他動詞)
So　9, 158(文頭の)
softener　182
speaker orientated →話者指向的
spend (time) ～ing　17
split infinitive →分離不定詞
stash　126
stay away from　143
stone-deaf　20
stop by　100
subject-oriented →主語指向的
subjunctive mood →叙想法
sure　80(さまざまな補語)
syntagmatic relation →統合関係

[T]

態 4(受動), 174
多重否定 41
他動詞 1
他動詞の -ing 形 3f.
単純形副詞 81f.
単純未来形 7
チャンク 70(名詞句), 106, 125
直説法 173
直接話法 187
通格 20, 67fn., 68
通性 163
丁寧度 182
転移修飾語 147f.
問い返し疑問文 188
統合関係 154
倒置 29, 51, 152
take credit for 24
tense →時制
than one can help 39f.
than 節 37f.(肯定節である理由), 38f.(見かけの否定)
Thank goodness! 5
that 145f.(指示代名詞)
the deuce 162
The hell 158(文頭で)
there 96(語類)
There is N 〜ing 96(形式的な主語)
there is no point in 〜ing 68
there is no use in 〜ing 67
things 90, 144
tiptoe 18
too 87(相関用法／独立用法)
tough 構文 21
tough 類形容詞 21
transferred epithet →転移修飾語
troop 62
turn sb's head 143
turn sb's stomach 143

[U]

右方転移 189
unmasked 4(二様の parsing)
up 65, 116(副詞)
up and say 169
up to 116

[V]

vacantly 20
vague 137, 153, 155
vocative →呼格
voice →態

[W]

話者指向用法 175, 180
walk 2(他動詞)
was about to 〜 when 115f.
was 〜ing when 115f.
Well 165f.(間投詞)
what ... have to say 27f.(構造分析)
whatsoever 153
when 節 114f.(形容詞節を導く),

115f.(読み下す)
will be ~ing 6f.
wisely 148
wishing well 167
work 167(効き目がある)

[X]

Xerxes 164
X's 163
XXX 164
XXXOOO 164

[Y]

予備の 'there' 96

[Z]

前置詞句 78(形容詞の補語), 11.1.
前提 32f., 50, 56
前方照応的 143
zeugma →くびき語